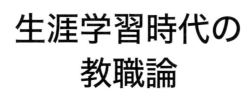

生涯学習時代の
教職論

梨本 加菜　稲川 英嗣

樹村房

はじめに

　本書は，大学教職課程の必修科目「教職の意義及び教員の役割・職務内容」に対応したテキストです。教師を目指す学生の導入科目（ガイダンス）として，教職とは何か，また学校教育とは何かを捉えられるよう，次の特徴をもって構成しました。

　第一に，教職の全体像を見通せるよう，第Ⅰ部で教職の意義と教師の役割を，第Ⅱ部で教師の職務内容を，第Ⅲ部で進路選択のための情報を収めました。

　第二に，教育関連法規は本文中に主要な条文を入れ，参考資料も最小限に止め，初学者にとっての分かりやすさを重視したコンパクトな構成としました。

　第三に，大学の学びにおけるアクティブ・ラーニングの視点からボランティア活動等の意義に触れ，各章に発展的に学ぶためのワーク例を載せました。

　第四に，2019（平成31）年度入学生より適用される国の教職課程コアカリキュラムに準拠し，「チーム（としての）学校」に関する内容を強化しました。

　第五に，学校の地域連携やコミュニティ・スクール制度，人権教育，児童福祉等の事項を扱い，教育・保育の現代的課題を学べるよう工夫しました。

　以上のように本書は，教職課程に長年携わる著者二名が，それぞれの専門分野と指導経験を生かし，教師の卵が学ぶべき内容と養成のプロセスを示せるよう努めました。法令集や学習指導要領等を併用して教職教養の理解を深め，さらにボランティア等に取り組んで教育現場から学び，教師を始めとする教育・保育を支える職を目指してスタートを切っていただければ幸いです。

　本書の執筆と日頃の研究・教育活動において貴重な助言と協力を賜りました諸先生方，出版の機会とご指導をいただいた株式会社樹村房社長の大塚栄一様，編集担当の安田愛様に，この場を借りて心よりお礼を申し上げます。

2018年2月

梨本　加菜・稲川　英嗣

凡　例

①本書では，学校（幼稚園等を含む）の先生，つまり教職に就く者で，法令上は「教員」「教諭」と呼ばれる者を，可能な限り「教師」と表記しています。理由は，第1章1-(1)をご一読ください。

②本書内で参照してほしい部分は，本文中に［→第○章○-○］等と表記してあります。また，巻末の「さくいん」も活用してください。

③本文中の四角で囲った文章は，法令の条文です。掲載した条文は，2018（平成30）年1月現在のものです。「負ふ」「なつた」等の旧仮名遣いはそのまま載せています。

　例えば，「○○法（第2条③）」と書かれている場合，「第2条第3項」と読みます。ただし本書では，第2項以下がない条文については①をつけませんでした。

　さらに，例えば「○○法（第2条③4）」のように，より細かい分類が加わることもあります。この場合，「第2条第3項第4号」と読みます。

④法令の名称は，可能な限り省略せず表記しました。ただし，教育の現場では，名称が長い法令は，多くの場合，略称が使われます。主な例は次のとおりです。

　＊地方教育行政の組織及び運営に関する法律……「地教行法」
　＊公立義務教育諸学校の学級編制及び教職員定数の標準に関する法律……「標準法」
　＊就学前の子どもに関する教育，保育等の総合的な提供の推進に関する法律……「認定こども園法」

⑤年は西暦の後に「（元号○○）年」と示しましたが，2020年以降は西暦のみです。

生涯学習時代の教職論
もくじ

はじめに　*3*
凡例　*4*

第Ⅰ部　教職の意義：教師の役割と使命

第1章　教職課程とは何か　………………………………………………………… *10*
1．教職課程とは：教職精神を培う　*10*
2．大学で教職課程を履修するために　*11*
3．「理想の教師」を目指すために　*13*

第2章　教師の資格と資質　………………………………………………………… *16*
1．教員養成の歴史的特質　*16*
2．教師の資格：教員免許状の制度　*18*
3．教師の資質　*19*

第3章　学校とは何か：子どもと地域の拠り所として　……………………… *21*
1．法制度上の学校の定義と種類　*21*
2．子どもを支える学校　*23*
3．地域を支える学校　*25*

第4章　チームとしての学校と地域連携　……………………………………… *27*
1．学校の地域連携　*27*
2．チームとしての学校：学校を核とする教育環境　*29*

第5章　道徳と人権の教育　……………………………………………………… *33*
1．道徳教育　*33*
2．人権教育　*35*

3．同和教育に学ぶ　*36*

第Ⅱ部　教師の職務内容と教員制度
第6章　教師の職務内容の全体像 ……………………………………*42*
　　　1．教師のありふれた一日　*42*
　　　2．子どもたちが帰ったら　*46*

第7章　校務分掌と学校経営 …………………………………………*49*
　　　1．学校に置かれる職　*49*
　　　2．校務分掌　*52*

第8章　学校運営の責任者 ……………………………………………*57*
　　　1．学校を管理するのは誰か　*57*
　　　2．校長の権限　*60*
　　　3．コミュニティ・スクールとは　*62*

第9章　教師の服務上・身分上の義務と処分 ………………………*65*
　　　1．服務事項　*65*
　　　2．処分について　*69*
　　　3．出産子育てを保障する法令　*71*

第10章　諸外国の学校及び教員の制度 ………………………………*74*
　　　1．諸外国の学校制度　*74*
　　　2．諸外国の教員制度　*76*

第Ⅲ部　教師の養成・研修と進路選択
第11章　教師の養成：教育実習を中心に ……………………………*80*
　　　1．教職課程における教育実習・インターンシップ　*80*
　　　2．教育実習に向けて　*82*
　　　3．教育実習の実際　*83*

第12章　教師の採用 …… 86
1．教師の採用：公立校を中心に　*86*
2．私立学校の教師の採用　*89*

第13章　教師の研修とライフコース …… 92
1．教師と研修：法定研修を中心に　*92*
2．教育委員会等の行う研修　*94*
3．自主研修・自己研鑽　*95*
4．教師のライフコース　*96*

第14章　学校教育を支えるさまざまな人材 …… 98
1．チームとしての学校を支える専門職　*98*
2．教育・保育行政に関わる人材　*102*

第15章　地域の教育環境を支える人材 …… 104
1．社会教育に関わる人材　*104*
2．児童福祉に関わる人材　*107*
3．法務省の管轄する人材　*109*

［参考資料］
1　小学校の教職課程の科目・単位数　*111*
2　教職課程コアカリキュラム（抜粋）　*112*
3　教職実践演習の求める4つの事項　*115*
4　横浜市教育委員会「教員のキャリアステージにおける人材育成指標」　*116*

さくいん　*119*

第 I 部

教職の意義
教師の役割と使命

　第1〜5章では教師の役割と使命について，基本的な事項と今日的な課題を確認します。今日の法制や社会で教職がどのように位置づけられ，期待されているか，また理想の教師とはどのような存在かを考えるための手がかりとなるでしょう。

第1章 教職課程とは何か

1. 教職課程とは：教職精神を培う

(1) そもそも教職とは

　教職（teaching profession）とは，主に学校の教師を指します。医師や習い事の師範等，身近にさまざまな「先生」は存在しますが，法で定められた学校［→第3章1］に勤め，教員免許状をもつ「教員」や「教諭」が，正式な意味での学校の教師です。教育法規の要である教育基本法は，次のように定めています。

> **教育基本法（第9条）**　法律に定める学校の教員は，自己の崇高な使命を深く自覚し，絶えず研究と修養に励み，その職責の遂行に努めなければならない。

　このように教師は自らの崇高な使命を自覚し，職責を果たすため研究と修養［→第13章］に励む教職精神（スピリット）を備えた専門職です。キリスト教の聖職者が教職者（教役者）と呼ばれるように，神聖な職ともいえるでしょう。本書では，教職に就く者を，できる限り法制上の呼称の教諭や教員ではなく，敬意と親しみをこめて「教師」と記し，その職務の全容を捉え，考えていきます。

(2) 大学における教職課程

　戦前は，主に師範学校［→第2章1］で，中等教育段階での教員養成が行われました。戦後は，国に認定された教職課程（teacher training course）をもつ大学等で法令上の科目を履修し，教員免許状が授与されます。高等教育機関で学んだ，広い視野と豊かな教養をもつ教師の養成が期待されています。

教職課程の科目・単位数や組織等は，教育職員免許法（免許法）と関連規則等で最低限の基準が定められています。この基準をふまえ，各大学は学部・学科の教育理念や地域の状況等も勘案し，さらに私学は「建学の精神」に基づいてカリキュラムを策定し，国の認定を受けて教職課程を運営します。「教職論」等の授業の名称は，国の示す例を参考に各大学が設定しています。

　教師に求められる専門性は，その時代ごとの教育課題を背景に高度化と領域の拡大が進んでいます。直近の改革では，2017（平成29）年の免許法等の改正と，「教職課程コアカリキュラム」［→参考資料２］の初めての導入があり，2019（平成31）年度に教職課程がブラッシュアップされます［→参考資料１］。

　2017（平成29）年３月に新しい学習指導要領も告示されました。幼稚園では翌年４月より新しい幼稚園教育要領が実施され，体制整備が急進しました。幼稚園の教職課程では，2017（平成29）年に一般社団法人保育教諭養成課程研究会が策定した「モデルカリキュラム」をふまえ，2023年度より，特に領域及び保育内容の指導法に関する科目の改編が徹底される見込みです。

２．大学で教職課程を履修するために

（１）教職課程の履修者に求められる要件

　［参考資料１］は，2019（平成31）年以降の入学生に適用される科目の一覧です。一種免許の取得には59単位（幼稚園は51単位）以上が必要ですが，これ以外に，教育職員免許法施行規則（第66条の６）が定める次の枠内の４科目（各２単位）も必修です。さらに小・中学校の免許状の取得には，「介護等体験」も必要です［→第11章１］。

①日本国憲法	例：「日本国憲法」「法学基礎（憲法）」
②体育	例：「スポーツ実習」「身体運動・健康科学実習」
③外国語コミュニケーション	例：「国際コミュニケーション演習」
④情報機器の操作	例：「情報機器の操作」「情報活用の基礎」

（2）教職課程の履修者の心構え

　免許状の必修科目の他，大学卒業に必要な科目も少なくないため，教職課程の履修は相当の計画性と意志が必要です。以下に3点の心構えを示します。

a．専門教育と教職課程を両立させる

　大学の学部・学科は，学術的な領域に基づいてカリキュラムが構成されます。教職課程を置く学科でも，教職科目を卒業単位として認めない，成績（GPA）が優秀で教職を専願する者以外は履修を認めない等の条件が厳しい大学は少なくありません。最終学年は，公務員試験を含めた就職活動や，卒業論文作成がピークとなり，教育実習を取り下げる者もいます。

　一方，教育学科等の教員養成が主目的の学科は，教職科目がほとんど卒業単位に組み込まれるため，免許状取得は比較的容易です。ただし，必修科目やボランティア活動等が多く，教育委員会の教師塾等［→第12章1 - (2)］も参加すると，ゼミを含め，専門教育が疎かになる恐れがあります。特に幼稚園と小学校の課程は，学科名称や科目等が教員養成に特化され，1年次より多くの教職科目が組まれるため，進路変更は大きな決断を要します。免許状取得が卒業要件である学科の場合は，教職を諦めると卒業も困難になります。

b．複数の校種・種類の免許・資格を取得する

　幼小連携や小学校の英語教育等が進む中で，例えば小学校教諭を目指す者が幼稚園や中学校の免許状をもつ等，隣接校種の免許状の取得は有益です。特別支援学校教諭の免許や司書教諭資格の併有も推奨され，教員採用選考試験で加点する都道府県もあります。中学校教諭を目指す者は，隣接校種の小学校や高校[1]の他，「（中学）社会」と「（高校）地理歴史」等の関連する教科の取得は有益です。

　ただし，在学中に取得できる免許数や学習時間には限界があります。「主免許」の校種・学科を一種免許状，関連する校種・学科を単位数の少ない二種免許状（「副免許」）とする等により，専門教育の質を保つ大学もあります。

　認定こども園制度が導入された今日，幼稚園教諭を目指す者は保育士資格の

1：中等教育学校を設置するため，中・高等学校の両方の免許の取得が教員採用選考試験の受験資格となっている都道府県もあります。

併有が推奨されます。しかし，教育行政の下の教職課程と，福祉行政の下の保育士養成はカリキュラムが異なり，必修だけで51単位ある保育士科目の一部は読み替え可能ですが授業数は膨大です。栄養士・管理栄養士を基礎資格とする栄養教諭も同様の事情があり，課程履修には真摯な心構えと計画性が必要です。

　もっとも教職に就いた後で教育委員会等の行う現職教育により，免許状の種類は増やせます［→第13章1］。もちろん勤務校や担当教科に相当する免許状は必要ですが，在学中は免許・資格の数を優先せず，学部・学科の専門教育や，以下のような現場の学びに取り組むことが，長い目で見て重要です。

c．**教育現場で実践的・往還的に学ぶ**

　子どもや教師に直接関わる教育現場（フィールド）での学びも有益です。近年は観察実習を皮切りに，インターンシップやボランティアを経て最終学年で教育実習に挑む学びの過程が推奨されています。多くの教育委員会や学校で，授業や特別支援教育等を補助するボランティアや支援員を募集しています。自治体の教育委員会が行う「教師塾」等の教師育成事業や，児童福祉の領域の学童保育［→第15章2］，放課後等デイサービス等の参加もお薦めします。

　幼稚園はボランティアの機会が少ないかもしれません。季節行事の補助や，預かり保育のアルバイト等は見受けられ，大学や私立幼稚園の団体，また母園等で，園のご迷惑にならないよう心がけて情報を探すと良いでしょう。

3．「理想の教師」を目指すために

(1) なりたい職業としての教師像

　教師は，子どもが「なりたい」と憧れる職業の一つです。

　内閣府（2014）「平成25年度小学生・中学生の意識に関する調査」によると，「幼稚園・保育園の先生」は女子小学生が就きたいと思う職業の第2位（9.5％）で（第1位は「パン屋・ケーキ屋・花屋」），女子中学生では第1位（15.5％）に上ります。「学校の先生」は，女子小学生の9位，女子中学生の4位です。男子は，小・中学生ともに「スポーツ選手」が圧倒的な第1位ですが，男子中学生では「学校の先生」が，「医者・歯科医・薬剤師」や「大学教授，科学者」

等と並ぶ第4位です。

教職は社会的なステータスがある上，公立校の教師は公務員であることも魅力の一つです。表1-1は平均給料の一例です。ただし，残業手当等のない特殊性があります（給与月額の4％に相当する教職調整額が支給されます）。

表1-2は幼稚園の給与の例です。小・中・高や特別支援学校の教員の任命権者は都道府県及び政令市ですが，公立幼稚園の場合は市区町村です。一般に公務員は，一定の年齢まで勤続1年ごとに給料が1万円ほど上がります。短大卒は大卒者に比べ2歳若く，初任給が約2万円低くなります。また幼稚園は私立が全体の6割に上り，給料や雇用形態等は設置・運営者により多様です。文部科学省（2015）「平成25年度学校教員統計調査」によると，幼稚園教員の平均給料月額は国立が約32.0万円，公立が約27.8万円，私立が約20.6万円です。私立園の教員の平均年齢が若いこともあり，平均額は低くなっています。

表1-1　神奈川県の給与（2016年4月1日現在）

	小・中学校教育職	一般行政職	高等学校教育職	警察職
平均給料月額（円）	345,288	334,764	373,969	321,347
平均年齢（歳）	40.5	42.9	44.9	38.1
初任給（大卒）	228,463	204,602	228,463	237,160

＊神奈川県（2017）「神奈川県の給与・定員管理等について」より作成。
＊平均給料月額は各職種の基本給の平均（諸手当は含まれない）。
＊初任給は地域手当のみ加算。小・中学校教育職（短大卒）は203,487円。

表1-2　神奈川県A市の給与（2016年4月1日現在）

	教育職（幼稚園）	一般行政職	＊看護・保健職	消防職
平均給料月額（円）	296,835	318,524	343,655	303,112
平均年齢（歳）	36.9	39.6	42.8	36.3
初任給（大卒）	192,200	185,200	－	199,300

＊神奈川県A市（2017）「A市職員の給与・定員管理等について」より作成。
＊看護・保健職は，保健師と助産師。

（2）理想の教師を目指して

　教師にでもなるか，教師にしかなれないといった消極的な理由で教職に就く者は，「でもしか先生」と揶揄されます。教職の安定した身分への第三者のやっかみは甘受すれば良いですが，企業等への就職活動や就労に自信がなく，子ども相手なら務まるかも，と話す学生は，残念ながら存在します。

　教職を「舐める」ことは，子どもや社会への冒瀆です。校種を問わず教師には，基礎学力と教職教養に加え，多様な子どもと同僚，保護者等と関わるコミュニケーション力が不可欠です。子どもの方が「でもしか先生」を嗅ぎ分ける力が強いのか，能力不足や生半可な気持ちで関わる者には冷淡です。

　もっとも，教師を目指すきっかけは「でもしか」で構いません。スポーツ選手やアーティスト志望で，教職に向いている者も少なくないでしょう。地域性や幸福感等が多様である以上，万民共通の「完璧な教師」は存在せず，現に今日では「学び続ける教師」という教師像が主流です。社会のさまざまな場面で教職精神（スピリット）が生かされるべく，個性豊かで優秀な志望者の広がりが期待されます。

　しかし，「でもしか先生」と自嘲する態度は適切ではありません。多くの子どもにとり教師は憧れの存在で，家族以外で初めて密に接する大人です。理想の教師を目指しつつ，時に失敗する姿も見せながら，大人の模範を示す使命があります。また，教員養成は多くの私学が担っています。国公立大学に比べ学費や教職課程の履修費等が嵩むため，教職どころか進学を諦めた高校生は少なくありません。多くの人の期待や憧れを受けとめ，自分こそ理想の教師になると誇らしく語って努力することは，教師の原点ではないでしょうか。

　ワーク１

　各大学の「履修の手引き」等で，任意の学科の科目と単位数を確認し，巻末の［参考資料１］に記入しましょう。2018（平成30）年以前の入学生は，現行の科目と比べてみましょう。

第2章

教師の資格と資質

1. 教員養成の歴史的特質

(1) 戦前の教員養成

a．教員養成のはじまり

　教員養成の制度は，明治新政府により行政と学校の制度が作られたのと同時に生まれ，150年ほどの歴史があります。文部省編『学制百年史』(帝国地方行政学会，1972)にもとづき，免許状制度ができた経緯を見てみましょう。

　1871(明治4)年に設置された文部省（2001年に現在の文部科学省に改組されました）は，翌年に学制を公布する前から師範学校の設置を始め，卒業生を教師として小学校に派遣することとしました。江戸時代の藩校や伝習所等の教育・研究施設を母体に，官立（現在の国立）の師範学校が全国7地区に置かれ，その後は各府県が教員伝習所等の公立校を整備しました。

　明治初期は小学校教師が不足し，僧侶や寺子屋の師匠が務めたりしました。1885(明治18)年に初の文部大臣となる森有礼は初等教育の充実に努め，翌年に小学校教員免許規則を定め，師範学校卒業者と検定試験合格者に免許が授与されることとなりました。また同年の師範学校令により，国立（官立）の他，各府県で地方税を用いて師範学校が設置されることとなります。当時の義務教育（尋常小学校）は4年で，その後に高等小学校（2年制）を卒業した者が師範学校に入学しました。つまり，中学校から大学へと進学する学校体系とは分離された師範学校の体系が確立されました。

b．師範学校による教員養成

　1907(明治40)年の小学校令改正により義務教育は6年に延長され，就学率は

女子がやや低いものの平均で97%に達しました。同年に師範学校規程も公布され，中等教育（男子は中学校，女子は高等女学校）の卒業生を受け入れる制度もでき，教育科目や教授法を中心とする師範教育が整えられます。

　中等教育の教員養成も進みました。高等師範学校での養成の他，1899（明治32）年の規定で無試験検定が拡充され，国立大学（帝国大学）や専門学校（旧制の大学）の優秀な卒業生に教員免許状が授与されました。

　このように国が教師養成を重視したため，師範学校の生徒はいわばエリートでした。師範学校の多くは全寮制で学費は無償で，卒業後は服務（義務）とはいえ，教師の身分が保障されるため，優秀な生徒が全国で集まりました。

　師範学校卒の教師は，一部の文学作品でプライドの高い堅物に描かれます。しかし，薄給や転任を厭わず，情熱と教養に溢れる教師は尊敬を集めます。例えば壺井栄の小説『二十四の瞳』（1952）を原作とする映画で，師範科を出たての主人公は島の分教場に赴任します。洋装でオルガンを弾き，自転車で駆け抜ける女学校卒の教師は村で異色の存在ですが，信望を得ていきます。

（2）幼稚園保姆の養成

　戦前の幼稚園の教師は「保姆」でした。1879（明治12）年の教育令は，「教員は男女の別なく年齢18歳以上」と定めますが，訓導（小学校教員）や教諭（中等教育の教員）と異なり，保姆は，1890（明治23）年の文部省令で「小学校教員の資格をもつ女子」とされます。「姆」は乳母，また婦道（女性の心得）を説く教師の意味です。いわば当時の幼稚園の教師には，幼児の世話をする母親と，初等教育を司る聡明な近代女性の，2つの役割が求められました。

　保姆の養成は，明治初期より始められます。1874（明治7）年に官立（国立）の東京女子師範学校（現在のお茶の水女子大学）が新設されます。その2年後に附属幼稚園が誕生し，そこで実践的に学ぶ保姆講習科が1878（明治12）年に置かれました。入学資格は20歳以上40歳以下で，学力の他に性行，健康も考査されました。さらに国は，1897（明治30）年の師範教育令で，各府県に師範学校での保姆講習科の開設を促しました。このように国や府県は，小学校教員の養成課程の修了者を主な対象に1，2年程度の保姆の養成課程を加える形で，各地で幼児教育の指導的な立場に就く幼稚園教師を養成しました。

幼稚園の普及とともに、教師の養成は急がれました。師範学校での養成の他、府県が設置する保姆伝習所等の卒業者や公立園の見習修了者も保姆として認められ、独自のカリキュラムで保姆を養成する私立園も増えました。

　1926(昭和1)年に定められた幼稚園令は、保姆免許状を保姆の基礎資格としました。尋常小学校が未修了でも試験検定で合格すれば免許状が授与され、無免許の代用教員も条件付きで認められました。保姆の養成は、訓導等と比べ待遇は十分ではありませんが、多くの女子に教職の門戸を広げました。

2．教員の資格：教員免許状の制度

(1) 教員養成の原則と教員免許状の種類

　戦後の教員養成は、国に認定されれば、あらゆる大学で教職課程を設置できること（開放制）、また校種・教科等の種類別の免許による専門性の担保（相当免許状主義）を原則とします。現在の免許状には、次の3種類があります。

　①普通免許状……教諭、養護教諭、栄養教諭の免許状です。現在は約22万件が授与される免許状のうち約95％以上を占めます。大学の教職課程を置く学科で所定の単位等を取得する他、幼稚園と小学校、特別支援学校自立活動に限り都道府県教育委員会の行う教員資格認定試験による（二種）取得が可能です。取得単位数に合わせ、専修（大学院修士課程修了程度）、一種（大卒程度）、二種（短大卒程度）の3種類があります。いずれも有効期間は10年で（諸手続により延長可能）、全国で有効です。

　②特別免許状……特定の教科等に関する専門的な知識・技能や社会的経験、社会的信望等をもつ者が、任命・雇用する者の推薦を受け、教育職員検定を経て授与されます。授与された都道府県内のみで有効で、期間は10年です。幼稚園では授与されず、主に中・高等学校で活用されています。小学校では、2017(平成29)年の学習指導要領改訂で5，6学年に外国語（英語）が導入され、法改正により外国語の特別免許状が追加されました。

　③臨時免許状……助教諭、養護助教諭の免許状で、普通免許状をもつ者を採

用できない場合に限り，教育職員検定を経て授与されます。授与を受けた都道府県内のみで有効で，期間は3年ですが，採用が困難な場合は教育職員免許法（附則第6項）により，6年とすることができます。

（2）地域の状況に対応した教職課程の設置状況

　教員免許状は教師の基礎資格です。勤務する校種・教科の免許状をもたず教壇に立った者と，その者を教師に任命した者は，教育職員免許法（第22条）により刑事罰に処されるほど，免許状保有の原則は徹底されています。

　一方で免許状制度には例外もあり，僻地等の事情で必要な教科の教員を採用できない中・高等学校で，同校の教員が1年間に限り他教科を担当できる免許外教科担任制度や，地域の産業や環境等を生かして学校教育の多様化や活性化を図る特別非常勤講師の制度等もあります。なお，特別支援学校で相当する免許状の未保有者の採用を認めている都道府県の多くは，教育委員会や大学等と連携し，現職教育により特別支援学校教諭の二種免許状を授与しています。

　国は教職課程や定員の数を管理して教員養成を計画的に行い，主に師範学校が改組された国立の教員養成系大学はほとんどの都道府県に置かれています。一方で幼稚園教師の養成は，国立大学の他に多くの私立短大や指定教員養成機関（専門学校）が担いました。そして近年は，私学出身の小学校や特別支援学校の教師も増えました。

3．教師の資質

（1）法制度上の要件

　教師の要件を示す消極的な規定には，教育職員免許法（第5条）が定める欠格事項があります。現行法では①18歳未満，②高等学校未修了，③成年被後見人や被保佐人，④禁錮以上の刑に処せられた者等に，免許状が授与されません。

　教員の資質の積極的な規定では，特別免許状授与を目的とした教育職員検定において，次の事項が必要条件として挙げられています。

> 教育職員免許法（第5条④）　（中略）
> ①　担当する教科に関する専門的な知識経験又は技能を有する者
> ②　社会的信望があり，かつ，教員の職務を行うのに必要な熱意と識見を持っている者（後略）

（2）教師に求められる資質：国や自治体の指標を読む

　国が求める教師の資質は，教職課程の学びの集大成として最終学年に位置づけられる「教職実践演習」の導入時に示されました。「4つの事項」［→参考資料3］と指標等は，大学の授業内容や，履修カルテに関連づけられます。2019（平成31）年度以降は，「教職課程コアカリキュラム」［→第1章2，参考資料2］で示される目標が，教師が学ぶべき事項として加わります。

　教育的愛情といった数量で測れない資質を法令で定めることは困難ですが，自己評価を通して達成度を確認することが，教師の卵にも必要です。

　2016（平成28）年の教育公務員特例法の改正により，教育委員会の教員育成指標の策定が義務づけられ，教育委員会と大学等で組織される教員育成協議会も今後は重視されます。教員育成指標については，先駆的な例に，東京都教育委員会（2010）「小学校教職課程カリキュラムについて」や，横浜市教育委員会（2015）「教員のキャリアステージにおける人材育成指標」［→参考資料4］が挙げられます。

（ワーク2）

　　科目「教職実践演習」［→参考資料3］と，横浜市教育委員会［→参考資料4］が示すそれぞれの指標で，現在のあなたの達成度を確認してみましょう。

第3章
学校とは何か：子どもと地域の拠り所として

1．法制度上の学校の定義と種類

(1) 学校の存在意義

学校，特に義務教育諸学校が存在する意義は，次の条文を拠り所とします。

> **日本国憲法（第26条）** ① すべて国民は，法律の定めるところにより，その能力に応じて，ひとしく教育を受ける権利を有する。
> ② すべて国民は，法律の定めるところにより，その保護する子女に普通教育を受けさせる義務を負ふ。義務教育は，これを無償とする。

このように，国民は教育を受ける機会が均等に与えられる権利があり，同時に保護者は子女に普通教育を受けさせる義務があります（これが義務教育です）。そして，その主要な機会が学校です。特に義務教育は次のように規定されます。

> **教育基本法（第5条③）** 国及び地方公共団体は，義務教育の機会を保障し，その水準を確保するため（中略）その実施に責任を負う。

つまり国と地方公共団体には，義務教育の機会を保障するため，学校を設置運営する責務があります。またすべての学校に次の使命が課せられています。

> **教育基本法（第6条）** ① 法律に定める学校は，公の性質を有するものであって，国，地方公共団体及び法律に定める法人のみが，これを設置することができる。
> ② 前項の学校においては，教育の目標が達成されるよう，教育を受ける者の心身の発達に応じて，体系的な教育が組織的に行われなければならない。

このように学校は、教育目標達成のために子どもの心身の発達に合わせた教育が、組織的に営まれる公的な施設（フォーマル）です。このためすべての学校には、確実な配置・整備と、標準以上の教育内容・方法の計画・実施が求められます。

（2）学校の種類：「一条校」を中心に

1-(1)で見た教育基本法（第6条）にある「法律で定める学校」は、国、地方公共団体の他に、「法律に定める法人」である学校法人等が設置する学校です。具体的には、学校教育法（第1条）が定める種類があります。

> **学校教育法（第1条）** この法律で、学校とは、幼稚園、小学校、中学校、義務教育学校、高等学校、中等教育学校、特別支援学校、大学及び高等専門学校とする。

表3-1　2017（平成29）年度の設置者別学校数

	国立	公立	私立	計
幼稚園	49	3,952	6,876	10,877
（幼保連携型認定こども園）	0	552	3,120	3,672
小学校	70	19,794	231	20,095
中学校	71	9,479	775	10,325
義務教育学校	2	46	0	48
高等学校	15	3,571	1,321	4,907
中等教育学校	4	31	18	53
特別支援学校	45	1,076	14	1,135
（専修学校高等課程）	1	6	411	418

＊文部科学省（2017）「平成29年度学校基本調査」より作成。

これらの校種は、法律にちなんで「一条校」と呼ばれます。2016（平成28）年度に「義務教育学校」が新設されました。表3-1は高等教育機関を除く学校数です。義務教育諸学校の設置は公立がほとんどで、その他は私立が多い傾向

があります。

　幼稚園は，社会福祉法人や宗教法人，農協等も設置できます［→第8章1-(4)］。
　2015(平成27)年度より「就学前の子どもに関する教育，保育等の総合的な提供の推進に関する法律」(認定こども園法)が定める「幼保連携型認定こども園」は，文部科学省の統計では「学校」として数えられています。認定こども園と同様に一条校ではありませんが，高等課程を置く専修学校（高等専修学校）は，主に職業教育を行う，高等学校に相当する学校です。
　一条校は，幼稚園は幼稚園教育要領，小学校は小学校学習指導要領等と，校種別に示された国の教育課程の基準にもとづき，各校でカリキュラムを編成します。学習指導要領等は10年ほどで改訂されます。最新の小学校及び中学校の指導要領と幼稚園の教育要領は2017(平成29)年3月に告示され，幼稚園では2018(平成30)年度より，小学校では2020年度より全面実施されます。

2．子どもを支える学校

(1) 子どもが学校に通う理由

　文部科学省（2017）「平成29年度学校基本調査」によると，中卒者の高等学校等への進学率は98.8％です。さらに過年度卒（いわゆる「浪人生」）を含む高卒者の大学・短大への進学率は57.3％で，専門課程をもつ専修学校（専門学校）への進学も加えると80.6％に上ります。今日はほとんどの子どもが9年間の義務教育の修了後も学校に通っていますが，それはなぜでしょう。義務教育段階（学齢期）の児童生徒が学校に通う理由は，法制上は「保護者は子どもに教育を受けさせる義務があり，国や地方公共団体は教育の機会を保障する義務があるから」に他なりませんが，積極的な理由づけがほしいものです。
　学校の意義を確かめる一例に，「夜間中学」と呼ばれる公立中学校の夜間学級（二部）が挙げられます。中学校が義務教育の対象となった終戦直後の中学校未修了者は珍しくありませんでしたが，現在も夜間中学の入学希望者は減ることがありません。事態を重く見た文部科学省は2016(平成28)年に初めて実態調査を行い，8都府県31校にまでに減少した夜間中学を，すべての都道府県で

1校以上設置するよう促しました。そして同年に「義務教育の段階における普通教育に相当する教育の機会の確保等に関する法律（教育機会均等法）」が制定され，夜間中学の他，フリースクール等も含めた「学校以外の場」で学ぶ者への支援が積極的に行われることとなりました。

（2）「生きる力」を培う学校

夜間中学では，義務教育を修了していても学業不振や不登校等の事情から，学び直しを求めて再入学した生徒もいます。日本の学校に就学する義務のない外国籍の生徒も，日本語が堪能な者も含めて増えています。自ら授業に取り組み，給食や行事等を経験し，級友や教師と親しむ場が求められているのです。

つまり学校は，単に学歴や職業教育のためでなく，学習指導要領の言葉を借りれば「生きる力」を培う，いわば社会で生きるための基礎を学ぶ施設です。2006（平成18）年に改正された教育基本法は，次のように教育の目的を示します。

> **教育基本法（第1条）** 教育は，人格の完成を目指し，平和で民主的な国家及び社会の形成者として必要な資質を備えた心身ともに健康な国民の育成を期して行われなければならない。

特に義務教育の目標は，2007（平成19）年に改正された学校教育法により，10項目にわたり次のように細かく述べられています（抜粋）。

> **学校教育法（第21条）** （前略）
> 1　学校内外における社会的活動を促進し，自主，自律及び協同の精神，規範意識，公正な判断力並びに公共の精神に基づき主体的に社会の形成に参画し，その発展に寄与する態度を養うこと。（中略）
> 4　家族と家庭の役割，生活に必要な衣，食，住，情報，産業その他の事項について基礎的な理解と技能を養うこと。（中略）
> 8　健康，安全で幸福な生活のために必要な習慣を養うとともに，運動を通じて体力を養い，心身の調和的発達を図ること。（後略）

このように学校は，社会生活に必要な技能や規範等の学び，主体性や心身の調和といった素養を培い，社会の形成に参画できる子どもを育てる場です。そして教師は，この目標を学校内外で共有し，子どもの成長を支える存在です。

3．地域を支える学校

（1）地域の拠り所としての学校

　近代日本の小学校は，地域の拠点として根づきました。「国民皆学」の方針を示した1872（明治5）年の学制は，人口600人を基準に小学校1校を設ける学区制を採りました。保護者がわが子の授業料を負担しただけでなく，校舎の建設費や土地等を多くの住民が寄付しました。義務就学に反対する者もいましたが，学区は，町内会等の区画と相まって地域行政の単位ともなりました。就学率も高まる中で運動会等は多世代の住民の集う行事となり，放課後の教室は町内会や青年団等の会合や，夜学校が開かれる場となりました。今日でも多くの小学校と，戦後に義務化した中学校は，住民活動や防災等の拠点となっています。

　第1章1で，教師は崇高な使命をもつ神聖な職だと述べました。また公務員は，日本国憲法（第15条）で「全体の奉仕者」と定められます。つまり教師は，勤務先の学校に奉仕するだけでなく，地域全体に尽くす職といえます。

（2）地域と学校をめぐる課題

　上で見たとおり学校と教師は，歴史的にも地域を支える存在です。しかし近年は，学校と地域との関係性に揺らぎが見られます。

　第一に，学区の揺れが挙げられます。過疎地等では学校の統廃合が進み，従来の小学校区を基礎単位とした子ども会等の地域活動の多くは，変化が求められています。また学校教育法の改正により，1999（平成11）年度から中高一貫教育を行う中等教育学校が設置可能となりました。また，特色ある教育活動や部活動等を理由に，学区にこだわらず学校を選択できる自治体もあります。

　第二に，子どもの地域離れです。第一で挙げたとおり遠距離通学の増加と，学区が単位の地域活動の減退の他，学習塾や習い事，また放課後児童クラブ（学童保育）等で，民間の事業に通う子どもが増えています。

　第三に，就学前の問題が挙げられます。幼稚園や保育所は私立が多く，さら

に保育所は待機児童問題が深刻で，遠距離通園を余儀なくされる親子は少なくありません。地域で，親子ともに仲間づくりができる仕組みは重要です。

　第四に，地域活動を支える大人の減少が挙げられます。かつては，子ども会等の活動や祭り等の行事を，多くの大人や小・中学校の卒業生が「先輩」として見守りました。今日では，ほとんどの子どもが高校や大学等に進学し，また共働きが増え，地域活動に関わることは，保護者も含め難しくなっています。

　第五に，やはり教師の多忙化が挙げられます。教師がPTA，町内会の活動や，青少年の社会教育に積極的に関わることは，きわめて困難です。

　以上，5つの課題を挙げましたが，他方で，次章で見る地域連携［→第4章1］が政策としても進められています。第一に挙げた学校の選択制も，導入後に，理由はさまざまですが，選択制を取りやめる自治体も見受けられます。

　地域にいるすべての子どもが学校に通うという，当然ともいえる原則の再確認が進んでいます。例えば，重い障害のある子どもや常時の医療的ケアが必要な子どもは，やむを得ず遠方の特別支援学校で寮生活をしたり，就学そのものが免除されたりすることがありましたが，近年は特別支援学校，特別支援学級の増設や，通常学級での受け入れが増えました。介護福祉法等の改正により，2012(平成24)年度より小・中学校への看護師の配置や，痰吸引等の特定の医療行為を行う教師対象の研修も進んでいます。他にも，外国につながりのある子どもが，現在住む地域で地縁を作っていく観点は重要です。最低限の教育環境を保障するため，学校と教師は地域にも目を向ける必要があります。

ワーク3

　なぜ学校に通うのか，勉強する必要があるかと質問する子どもに，あなたはどう答えますか。子どもの年齢や校種に合った想定問答をしてみましょう。

第4章 チームとしての学校と地域連携

1．学校の地域連携

（1）地域連携の重要性

2006（平成18）年に改正された教育基本法には，次の条文が加わりました。

> **教育基本法（第13条）** 学校，家庭及び地域住民その他の関係者は，教育におけるそれぞれの役割と責任を自覚するとともに，相互の連携及び協力に努めるものとする。

当たり前に見える内容ですが，地域の教育力が低下したとされる今日，学校・家庭・地域の連携を法律で定めるべき時代かもしれません。学校が行う地域との関係づくりは「地域連携」と呼ばれます。例えば小学校なら幼稚園や中学校というように，隣接校種との連携は不可欠です。他にも特別支援学校や医療・保健関係機関，小学校であれば学童保育［→第15章2］等の児童福祉の施設や職員，そしてボランティアを含めた地域住民との連携も欠かせないでしょう。

自治体の教育行政においては，1970年代頃より「学社連携」と呼ばれる社会教育との連携の歴史があります。法制上，社会教育は次のように定義されます。

> **社会教育法（第2条）** （前略）「社会教育」とは，学校教育法（中略）に基づき，学校の教育課程として行われる教育活動を除き，主として青少年及び成人に対して行われる組織的な教育活動（体育及びレクリエーション活動を含む。）をいう。

このように社会教育は学校外の教育活動を指します。行政では「生涯学習」と呼ばれる機会が増え，社会人の通信教育や高齢者の活動のイメージが強いで

すが，子どもと，その教育活動を支える大人も対象です。また国は，社会教育の一環として「地域学校協働活動」［→2-(3)］を促進しています。

（2）社会教育との連携

社会教育は，社会教育施設や社会教育関係団体を介して促進される教育活動全体を指します。学校教育は学級数や教育課程等，全国の標準が定められますが，社会教育は地域ごとに多様な事業が展開されます。教育委員会の事務局に置かれる専門的職員である社会教育主事が指導や助言を行います。

社会教育施設には，市町村が設置する公民館の他，図書館や博物館，体育館等があります。社会教育法では，放課後に子どもや地域住民が校庭や体育館，空き教室等を利用する学校施設の利用（学校開放）も定めています。

社会教育関係団体には学区を単位とする子ども会やスポーツ少年団等があり，これも地域により規模や活動が多様です。教育・文化活動を行う団体や，後述するPTAのような，大人の団体もあります。

スポーツや伝統芸能に取り組む団体が，「総合的な学習の時間」の授業やクラブ活動等で協力する学校もあります。2017(平成29)年の学校教育法施行規則改正で中学校等での部活動指導員［→第14章1］が明文化され，また同年に告示された学習指導要領が「社会に開かれた教育課程」の理念を掲げることから，学校のカリキュラムと関わる連携はいっそう進展するでしょう。

前身となる事業が2004(平成16)年度に始まった「放課後子ども教室」は，学校の余裕教室等を利用し，地域住民の協力を得て小学校児童の放課後の活動を行います。これも地域により多様ですが，国が進める「放課後子ども総合プラン」は，学童保育［→第15章2］との連携を促しています。

（3）児童福祉との連携

福祉施策との連携も重要です。児童福祉法は次のように定められます。

> **児童福祉法（第2条）** 全て国民は，児童が良好な環境において生まれ，かつ，社会のあらゆる分野において，児童の年齢及び発達の程度に応じて，その意見が尊重され，その最善の利益が優先して考慮され，心身ともに健やかに育成されるよう努めなければならない。

> 同法（第3条の2）　国及び地方公共団体は（中略）児童の保護者を支援しなければならない。（後略）

　同法の「児童」は18歳未満を指し（第4条），すべての子どもの健全な育成を目的とします。街に戦災孤児があふれた1947(昭和22)年に制定され，保育所等の児童福祉施設や，児童福祉司等の専門職［→第14章］を定めています。

　児童福祉施設には保育所の他，児童養護施設，母子生活支援施設，障害児入所施設等があります（第7条）。都道府県等の設置する児童相談所は，各区域内の児童や家庭に関する調査等を行い，児童養護施設や乳児院，1997(平成9)年まで救護院と呼ばれた児童自立支援施設への入所措置を決めます。学校は，特に学区内の施設と児童相談所等と情報交換等を行うことが重要です。

　放課後の事業は自治体により内容だけでなく実施数も多様で，社会福祉法人等の民間事業者やNPO等も関わるため，積極的な情報収集が必要です。

　あらゆる子どもに「遊び」を与える児童館等の児童厚生施設も，児童福祉施設の一種です。1997(平成9)年に改正された児童福祉法（第6条の3）で，放課後児童クラブ（学童保育）が，ようやく明文化されました。保護者が昼間家庭にいない小学校児童に，学校や児童厚生施設等を利用して「遊び」と生活の場を与えます。また同法改正（第6条の2の2④）により，2012(平成24)年度より放課後等デイサービス事業も加わりました。児童発達支援センター等を利用し，就学する障害児に，生活能力の向上のための訓練や社会との交流の促進等を行います。

2．チームとしての学校：学校を核とする教育環境

(1) チームとしての学校とは

　2015(平成27)年，文部科学大臣の諮問機関である中央教育審議会（中教審）が出した答申は，スクールカウンセラー（SC）等の専門職員やボランティア等が，教員と協働して学校の教育活動を支える「チーム（としての）学校」という概念を提案しました。図4-1は，その体制の概念図です。校内のさまざ

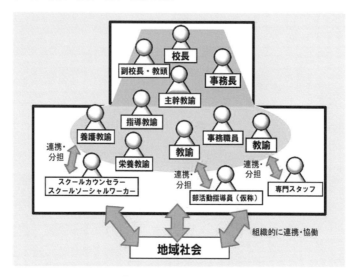

図4-1 「チームとしての学校」のイメージ
出典：中央教育審議会（2015）「チームとしての学校の在り方と今後の改善方策について（答申）」16頁

まな教職員の連携を強化すると同時に，SC等の専門職員が協働し，さらに地域社会との連携を進め，学校の教育活動に「チーム」として取り組む仕組みです。

（2）「チーム学校」論が生まれた背景と課題

「チーム学校」の仕組みが求められた理由に，子どもや学校の抱える教育課題が多様で複雑となり，心理や福祉等の専門家の介入が不可欠なことがあります。教師の多忙化も，理由の一つです。例えば，OECD（経済協力開発機構）が2013（平成25）年に行った国際教員指導環境調査（TALIS）で，中学校教員の1週間の勤務は日本が平均53.9時間で，参加国（平均38.3時間）のうち最長でした。中でも，課外活動の指導や事務業務に使う時間が長いそうです。

2015（平成27）年の中教審答申は，SCやスクールソーシャルワーカー（SSW），部活動指導員が教員と業務を連携・分担することを提言し，2017（平成29）年の学校教育法施行規則改正により，これらの職が正式に導入されました。中教審が同時期に出した答申では「学校を核とした地域づくり」事業も提言され，地

域住民が，学校の運営や教育活動の支援に関わることが促されています。

　SC等の多くは非常勤で，校務として地域連携担当教員を置く学校もありますが，教職員や地域住民との連携は，日程の調整を含め困難が予想されます。また，部活動指導員の導入により，生徒の自主的・自発的な参加が原則である部活動が，教師に加え，生徒の多忙化に拍車をかけないか，確認が必要です。

（3）学校と地域の協働

　近年は，学校を核に，子どもの教育環境を豊かにする仕組みづくりが進められます。「地域に開かれた学校」という学校運営の考え方をさらに進め，「地域とともにある学校」という概念も打ち出されます。具体的な仕組みに，コミュニティ・スクール（学校運営協議会）が挙げられます［→第8章3］。また2017(平成29)年に告示された学習指導要領では「カリキュラム・マネジメント」と「社会に開かれた教育課程」の重要性も示されました。公共施設の老朽化や防災対策等の観点から，学校と福祉施設等の複合化も増えています。これからの教師は，否応なく地域との連携，さらに協働を行うこととなるでしょう。

　2017(平成29)年の社会教育法の改正により，「地域学校協働活動」の仕組みも制度化されています（図4-2）。教育委員会が地域住民との連携協力体制を整備し，学校の体験活動や郷土学習，防災訓練等の他，登下校の見守りや放課後の活動に地域住民が参画し，地域の活性化を図ることが目指されます。

（4）「チーム学校」において教師に求められる素養

　保護者や地域住民と連携する仕組みにPTA（Parent-Teacher Association）があります。PTAは保護者と教師が学校や地域の教育活動を豊かにするため自主的に運営する団体です。学校を単位に組織されるPTAには，上部組織に市区町村単位のPTA（市P連等と呼ばれます），さらに都道府県単位のPTA（県P連等），全国組織の日本PTA全国協議会があります。同様に特別支援学校（全国組織は盲学校や知的障害教育校等で分かれています）や，幼稚園をはじめとする多くの私立校にもPTAがあります。

　各校のPTAは，学期始まりの交通当番や夏休みのラジオ体操会，自治会と連携した地域行事，私立校の場合は寄付金を集めるバザー等を行い，学校の教

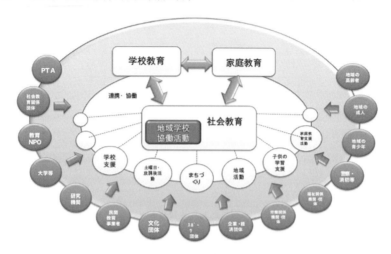

図4-2　地域学校協働活動の概念図
出典：文部科学省（2017）『地域学校協働活動の推進に向けたガイドライン』7頁

育活動を盛り上げています。またPTAの役員は，各校での業務の他に，市P連等の役職や，市町村等の行政委員も務めることもあります。

　保護者と良好な関係を築くことは，学級や学校全体の教育活動を充実させることにつながります。校務として地域連携やPTAを担当する場合がありますが，それ以外でもPTAに熱心に関わる保護者や地域住民の思いをくみ取り，参加して良かったと誰もが思える活動ができると大成功です。

　このように教師には，学校内外のさまざまな人や組織と協働できる力が求められます。横浜市教育委員会（2010）「教員のキャリアステージにおける人材育成指標」では，初任者段階（基礎能力開発期）の指標の一つが「保護者，地域，関係機関の思いを受け止め，誠意をもって対応する」ことです。保護者やボランティアとの関わりに苦手意識をもつ教師は少なくありませんが，経験を積む過程で，その関わりが教師としての指導力を高める財産となります。

ワーク4

　地域連携について，身近な学校や地域の事例を調べてみましょう。

第5章

道徳と人権の教育

1. 道徳教育

(1) 道徳教育の現在

　小・中学校の教育実習で，あるいは担任を務める学級で，取り組みに悩む授業の一つが「道徳」ではないでしょうか。道徳的な課題は満点の答えがなく，さらに今日は子どもが「考え，議論する道徳」が目指されています。

　義務教育段階にあたる小・中学校では1958(昭和33)年に「道徳の時間」が特設されました。そして2015(平成27)年に道徳は「特別の教科」となりました。道徳科の目的は，学習指導要領（総則）で次のように説明されます。

> 　道徳教育は，教育基本法及び学校教育法に定められた教育の根本精神に基づき，自己の生き方を考え，主体的な判断の下に行動し，自立した人間として他者と共によりよく生きるための基盤となる道徳性を養うことを目標とすること。

そして内容を体系的なものとするため，次の4つの項目が示されました。

　　A) 主として自分自身に関すること
　　B) 主として人との関わりに関すること
　　C) 主として集団や社会との関わりに関すること
　　D) 主として生命や自然，崇高なものとの関わりに関すること

　この4項目にはさらに細目があり，各学年（小学校は2学年ごと）ですべての項目が扱われます。このように道徳教育は，子どもの人格形成の根幹となる

内容を学びます。小学校は2018(平成30)年度から，中学校は翌年度より，道徳科を要（かなめ）として，教育活動全体を通じた道徳教育が位置づけられました。

（2）道徳の授業

　数学や音楽が得意であっても，その知識・技術を教師として教えることは別物です。そのため教職課程では，教科内容の理解をふまえ，実践的な指導法を学びます。学習指導要領をベースに，どのような順序や教材で学ぶと分かりやすいかを考え，各単元の指導案を作成し，模擬授業を行って改善を重ねます。

　道徳についても，小・中学校のすべての教師が授業を担当できるよう，教職課程で道徳の指導法は必修科目であり，2019(平成31)年度からは道徳の理論も加わります。既に道徳教育推進教師も各校に置かれ，2018(平成30)年度から道徳科の検定教科書も使用されます。文部科学省はWebサイト「道徳教育アーカイブ」を開設し，実践事例として授業映像や指導案を公開しています。しかし一人ひとりの子どもが道徳的な課題を自分の問題と捉えて向き合えるか，授業で自らの思いを表現し成長できるのかは，教師の力量が大きく問われます。

　例えば，道徳科の4項目のうちC「集団や社会との関わりに関すること」は，細目の一つに「公正，公平，社会正義」があります。いじめ問題への対応の充実に向けて重点が置かれる項目で，小学校第1・2学年では「自分の好き嫌いにとらわれないで接すること」が主題となります。みなさんは，どのような授業を行いますか。また，道徳科の評価は，数値で示さないものの，「学習状況及び道徳性に係る成長の様子」を記述する必要があります。成果を比較する相対評価でなく，個人の到達度を見る絶対評価が求められますが，子どもの道徳性がいかに成長したかを，あなたは客観的に評価できるでしょうか。

　幼児教育においても2017(平成29)年に幼稚園教育要領が告示され，10項目の「幼児期の終わりまでに育ってほしい姿」が新たに示されました。そのうち「(4)道徳性・規範意識の芽生え」は，「友達と様々な体験を重ねる中で（中略）相手の立場に立って行動するようになる」が一つの指標となっています。

2．人権教育

（1）人権教育とは何か

1-(2)で触れた「公正，公平，社会正義」は，人権教育につながる主題です。人権（human rights）は，公正，公平，社会正義が徹底された社会では意識されない，「人」として当たり前に生きる権利ですが，それが物理的，また心理的な差別や暴力等によって不当に侵害された場合に守られる必要があります。

国際連合（UN）は，第二次世界大戦や内紛で荒んだ国際情勢の中で1948（昭和23）年に世界人権宣言を掲げ，設立当初から人権問題に取り組みました。1966（昭和41）年には国際人権規約が採択され（1976年発効，日本は1979年批准），1989（平成1）年に「児童の権利に関する条約（子どもの権利条約）」も採択されました（翌年発効）。1994（平成6）年には「人権教育のための国連10年」が採択され，日本では1997（平成9）年に国内行動計画を策定しました。そしてこれらの取り組みと，日本国憲法，また教育基本法にもとづき2000（平成12）年に制定・施行された「人権教育及び人権啓発の推進に関する法律（人権教育啓発推進法）」では，人権教育とその啓発が次のように定義されました。

> **人権教育及び人権啓発の推進に関する法律（第2条）**（前略）人権教育とは，人権尊重の精神の涵養を目的とする教育活動をいい，人権啓発とは，国民の間に人権尊重の理念を普及させ，及びそれに対する国民の理解を深めることを目的とする広報その他の啓発活動（人権教育を除く。）をいう。

（2）人権問題と学校教育

学校において教師は，子どもの発達段階や地域の状況をふまえ，教育活動全体を通して人権尊重の理解を深める教育を推進する必要があります。教師や教育行政が決して行ってならないのは，教育上の差別です。現在も教育基本法は，日本国憲法をふまえ，教育の機会均等を次のように定めています。

> **教育基本法（第4条）** すべて国民は，ひとしく，その能力に応じた教育を受ける機会を与えられなければならず，人種，信条，性別，社会的身分，経済的地位又は門地によって，教育上差別されない。

当たり前に見える条文ですが，戦前は初等教育のみが義務教育で，それさえも障害の程度や世帯の経済力を理由に就学が免除される，つまり教育機会が保障されないことが当たり前でした。また，正規の中等教育機関の「中学校」と高等教育機関の「大学」は男子校で，女子はそれらに準じた学校に通いました。

現在も男女差は残ります。国際的な経済会議（ダボス会議）を主催する世界経済フォーラム（WEF）が公表するジェンダーギャップ（男女格差）指数で，2017（平成29）年では日本は144カ国中114位です。評価対象の4分野のうち教育の分野は，識字率と基礎教育・中等教育の在学率に男女差はないものの，高等教育の在学率は，女子が男子より1割程度低くなっています。その結果なのか，経済と政治の分野での女性の参画率は，世界平均を大きく下回ります。

外国籍をもつ子どもへの差別も解消されていません。先述の国際人権規約のうち経済的，社会的及び文化的権利に関する国際規約（A規約）により，外国籍をもつ子どもは，小・中学校に通える上，授業料や教科書の無償措置も受けられます。しかし日本語指導や進路指導は十分に行われているでしょうか。また近年は，非嫡出子の戸籍の記載方法だけで多くの議論を呼びました。片親が外国籍や，重国籍の子ども等への社会的偏見をなくす取り組みは重要です。

日本は，子どもの貧困率の高さも指摘されます。教師は子どもやその家族の社会的背景を可能な限り理解し，人権の尊重を態度で示す使命があります。

3．同和教育に学ぶ

（1）同和教育の成り立ち

人種や門地等にもとづく差別もあってはなりませんが，日本固有の問題には，在日朝鮮人・韓国人やアイヌの人々への理解不足や差別が挙げられます。同和問題も根深く残ります。同和地区（被差別部落）出身であることを理由に，住

まいや就職，結婚，そして教育において不当な差別を受けてきた問題です。

　戦後は，1969(昭和44)年に同和対策事業特別措置法（同対法）が制定され（1982年に失効），同和地区の生活・福祉や教育環境等の改善が進みました。同時期に学校教育においても，関連団体が編集した副読本を無償配布した自治体や，同和地区で始まった教科書無償を求める運動が国の教科書無償給与制度（1969年度より全学年で実施）の契機となった自治体もありました。

　大学や教職課程での取り組みも進み，教職課程での同和教育・保育の科目の開講や人権教育センター等の開設，同和教育推進校での教育実習の実施といった実践例が見られます。学校では人権教育の担当教員が置かれ，教員採用選考試験では同和教育に関する問題が出題されるようになりました。

　しかし，同和問題は解消されていません。2016(平成28)年には部落差別の解消の推進に関する法律（部落差別解消法）が制定されました。その第1条は，「現在もなお部落差別が存在する」という現状認識を示し，国や地方の教育や啓発等により「部落差別のない社会を実現すること」を目的に掲げています。

（2）人権教育の実践と課題

　部落差別解消法（第1条）では，「情報化の進展に伴って部落差別に関する状況の変化が生じている」危機も示されました。近年はインターネットやSNSが悪用され，根拠のない情報が広がったり，ネット上の地図に部落の場所を載せる愉快犯が訴えられたりしました。差別発言を書いた大量のハガキが自宅に郵送された，授業で児童が親の名前を検索したら部落出身者の名簿が出てきたなど，許されない事例もあります。学校では管理職や人権教育・同和教育の担当教員だけでなく，あらゆる教師が子どもを差別や暴力的行為の加害者にも被害者にもさせない教育に取り組む必要があります。

　国や自治体にも人権教育の実施と啓発の責務があります。成果が大きかった取り組みの一つに，高校生が就職の際に用いる履歴書の様式の改善が挙げられます。生徒が就職差別を受けることがないよう，1973(昭和48)年に当時の文部省と労働省により「全国高等学校統一用紙」が策定されました。

ワーク5

　図5-1は全国高等学校統一用紙（改訂版）です。本籍や家族関係，住居の状況等の本人の適性や能力に関係のない項目，また愛読書や尊敬する人物等の思想信条を問う項目もありません。この様式をもとに面接練習をしてみましょう。

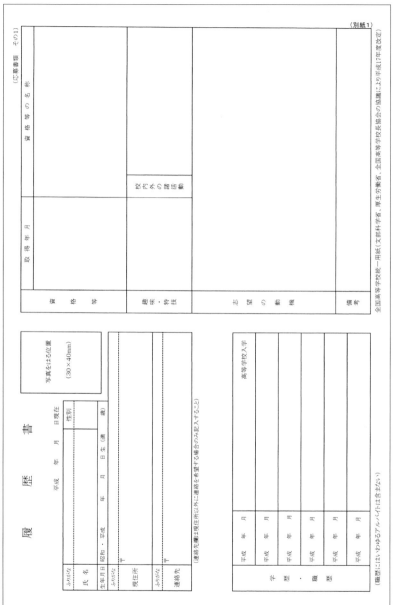

図5−1 文部科学省（2005）［全国高等学校統一用紙］

第Ⅱ部
教師の職務内容と教員制度

　第6〜10章では，幼児，児童及び生徒への指導以外に，教員が果たさなければならない校務を含めた職務の全体像を把握します。教員の職務内容の全体像及び教育公務員に課せられる服務上及び身分上の義務を理解できるようにしてほしいと思います。

第6章 教師の職務内容の全体像

1. 教師のありふれた一日

(1) 4年生担任の一日

　教師という仕事をめざしているみなさんですが，そもそも教師がどのような仕事をしているか知っていますか？　みなさんが思い描く教師の仕事とは，どういったことでしょうか？　授業を「受ける」側の児童生徒が一番目にするのは，授業をしている教師の姿です。

　教師になってわかることは，「何よりも授業が大事」ということ。でもその授業を成立させるための仕掛けは，誰かが作ってくれるのではなく，教師自身が作らねばならないのです。湖を泳ぐ白鳥が，水上では優雅な姿をしていても，水面下では必死に足を動かしているのと同じように，教師も日々の授業が順調に進むように，日々奮闘しているのです。

　みなさんの先輩で，現在は小学校4年生の学級担任をしている若手教師が，一日の仕事の様子を次のように書き出してくれました。メモをそのまま紹介します。

```
6：50   出勤後，メールチェックや配付物の確認
7：00   職員室でパソコン仕事
7：30   教室に行き黒板に文章を書いたり授業の確認をしたり
8：00   児童登校
          ・一人ひとりとあいさつを交わし，話す
8：25   朝の活動
```

- ・児童は,曜日によって決められていることを行う。ドリル,読み聞かせ等
- ・この時間に宿題チェック,丸つけをすることが多いです……できる日は

朝の会
1時間目
2時間目
中休みの時間
- ・4年生はほとんどの児童が学年でドッジボールをしているので,私も外に行きます
- ・たまには他の学年と遊ぶことも
  鬼ごっこ,竹馬,大縄,バレーボール
- ・教室にいることもあります。学習指導や教室にいる子と遊んだり
- ・児童対応に追われた日は,その日のうちに返す宿題の丸つけをおこないます(昼休みも同じ)

3時間目
4時間目
給食の時間
- ・配膳→食事→ごちそうさま・歯みがき・片付け
- ・給食の時間は,他の仕事の場合と違い,「昼休み」ではなく「給食指導」の時間となります。「指導」の時間なんですね

掃除の時間
- ・掃除も,もちろん「指導」の時間です

昼休みの時間
- ・中休み同様,子どもたちと遊べるのが理想ですが,何だかんだデスクワークが多いのも事実です

5時間目
6時間目
帰り支度・帰りの会

　いかがでしょうか。「忙しそうだなぁ」「朝が早いなぁ」と思った方もいるかもしれません。でも,教師の仕事はこれでは終わらないのです。児童が帰るのが午後2時半から3時半ごろとすると,そこから会議やら次の日の準備が始ま

るわけです。そのあたりは次節で述べましょう。

(2) 学級経営とは

　小学校でも中学校でも高等学校でも，そして幼稚園でも，学習は「学級」単位で行われます。ゆえに「学級」は学習の基礎集団であるといわれます。これは学級担任制をとっている幼稚園・小学校でも，教科担任制をとっている中学校・高等学校でも同じです。「学習の場」でもあり「生活の場」でもある学級は，当然のことながら，その雰囲気が子どもたちの学習に影響を与えます（どんな「雰囲気」が「良い」ということになるかについては，別途考えなければなりませんが）。

　そうした雰囲気づくりは教師の大きな仕事の一つで，授業等の学習指導に対して生活指導と呼ばれる部分で主に行われます。朝の登校時から朝の会までの子どもたちとの接触，そして提出物のチェック（内容だけでなく，提出そのものがあったのかの確認も含めて）は，授業の成否に大きく影響します。子どもは精神状態が行動に現れやすいものです。何か気がかりなことがあれば落ち着かなくなりますし，忘れ物をしがちです。そういった変化に気づくためにも，提出物のチェックは重要となってくるのです。

　なお，提出物のチェックは，先に述べたように中休みや昼休み，そして音楽など専科の教師が授業を担当してくれている時間に行います。それでもひとたび学級で「事件」が起きれば，それも難しくなりがちです。

(3) 1年生担任の工夫

a．学級づくりのビジョン

　学級経営は，教育に関する法令の遵守を前提に，学校教育目標をふまえて行われます。自分が担任する学級を一年間どのように経営していくかを考えるのは担任の役割です。教師は担任となった場合，みずからの理想とする学級の在り方と，担任する学級の子どもたちの実態をふまえて「学級経営案」を作成します。

　年齢や地域性などによって規定される部分もありますが，それ以外にも前年度の実態などもふまえる必要があります。ただし，教師はそれらを十分検討し

たうえで，自分がどんな学級をつくりたいのか，ビジョンを明確にする必要があります。

教師がこの学級づくりのビジョンを示す機会は二度あります。年度はじめの始業式（1年生であれば入学式）後の最初の時間（「学級開き」と呼びます）と，最初の保護者会です。「私はこんなことを大切に，学級をつくっていきたいと考えている」と示すことで，子どもたちや保護者に安心感を与えます。

この学級づくりのビジョンは，子どもや保護者に安心感を与えるためのものですから，人権に配慮されたものである必要があります。学級内にルールが必要だということがよくいわれますが，ルールというのは，それによっておとなしい子や心配性の子が安心できるためのものなのです。時間のかかる子でも，よく失敗する子でも，学級が安心できる場所であるためには，教師からの強いメッセージが必要なのです。

b．子どもたちへのメッセージ

そうした言葉でのメッセージとは別に，日々の積み重ねの中で子どもたちにメッセージを伝えられるのが教師です。

1年生を担任する，ある先生は，前年度に3年生を担任した経験から，年度当初より，「姿勢を正し，歩き方を整えること，整列すること，文字を丁寧に書くこと，丁寧な言葉遣いをすること」を，繰り返し指導しました。

朝の会が始まる前の子どもたちとの雑談を大事にし，朝の会の健康観察では，「クラスみんなで一人の子に注目し，名前を呼ぶ」ということを毎日しており，帰りの会では「今日のキラキラさん」を出し合って，互いを認め合う活動をしています。帰る時も，まっすぐに整列する練習をした後に，「さようなら」のハイタッチをして，その中で気になった子には声をかけるようにしています。どれだけ叱っても笑顔で帰す，というのがこの先生の信条です。

教師が「あなたのこといつも見ているよ」というメッセージを発し続けてくれることが，子どもたちの安心感にもつながります。ただそれは，言葉で「見ているよ」と直接言う必要はなく，アイコンタクトなどを通して子どもたちが感じられるようにすればいいのです。この実践の積み重ねの結果，子どもたちは，自分たちでできることが増え，落ち着いて学習に取り組む姿勢ができるようになるのです。

2．子どもたちが帰ったら

(1) 放課後の教師

「そうはいっても，子どもは2時半ごろに帰るのだし，教師の仕事は楽だなぁ」と思った人はいませんか。それはとんだ間違いです。実は教師の仕事の第二部がここから始まるのです。

先ほどの4年生を担任する先生に再度聞いてみたところ，次のような回答がありました。

[ほぼ毎日やっていること]
・ケガやトラブルを保護者へ連絡する
・学年主任に一日の出来事を報告し，共有する
・宿題（テスト）の丸つけをする
・学級だよりを作成する
・週案を作成する
・一日の児童の様子や学習する様子の記録をつける
・授業の準備をする（終わらない時は家でやることもある）

[たまにあること]
・集金チェック
・会計
・業者への連絡
・カウンセラーなど校外から来た方と児童のことを話す
・ワークシートや宿題を作成し，印刷する
・委員会の時に使用する資料を作成する
・行事や校外学習等の準備をする

さらに，「日によっては，事務員さん，用務員さん，栄養士さん，他の学年の先生と話して時間があっという間に過ぎることもあります」とメモに付け加えられていました。

a．保護者との関係づくり

　この中で特に気を付けておきたいのが最初に出てくる「保護者への連絡」です。どんな小さなケガでも，たとえケガがなくてもケンカがあれば報告が必要となります。これは自分が親の立場に立ってみればわかることです。わが子が毎日かすり傷を負ってくるけれど，その原因をきいても子どもの話は要領を得ない……。これが重なってくると保護者は最悪の場合を考えることになります。ましてや，友だちとケンカをして元気がないわが子を見て，気にならない保護者はいません。保護者がよくない想像を膨らませてしまう前に正確な事実を伝えることは，保護者の疑念を解くばかりでなく，わが子を見てくれているという安心感を与えることにもなります。

　子ども同士がケンカをしてしまうことを否定する保護者はほとんどいません。そのことで教師を責めるということも一般的にはありません。ここで一番よくないのは，事実を隠してしまうことです。伝え忘れも，結果としては隠してしまったのと同じことになります。保護者にとって，担任教師は一番身近な窓口ですので，ここは丁寧に対応したいものです。

　保護者との関係性においてもう一つ注目したいのが「学級だより」です。「学級だより」は，保護者に子どもたちの普段の学校での様子を知らせるだけでなく，子どもたちにも「先生が見ているよ」という信号を発するのに，とてもいいツールとなっています。昔，ある中学校の教師から20年間毎日出したという学級通信の束を見せてもらったことがあります。「学級だより」を出せるというのは，それだけ子どもたちを見ているという証でもあります。前出の4年生を担任する先生は，週一回の割合で「学級だより」を出しているそうです。教師をめざすみなさんにも，励んでもらいたいと思います。

b．教師が行う事務とは

　さて，ここまでいくつか紹介してきましたが，教師が行う事務作業（学級事務といいます）についてまとめてみます。学級事務には，次の5つがあります。

---

①学級経営事務として，学級経営案や通知票などの作成
②公簿の整理・保管にあたる指導要録や出席簿などの管理
③報告文書の処理として，転入学手続きなどの書類作成

④学級備品類の管理として，教材・教具の整備・保管など
　⑤学級会計として，給食費・教材費などの徴収と管理

　近年，教員の多忙化を理由に，教員以外の人間が一部担当するという案が出され，すでに実施されているところもありますが，個人情報の保護などの点で難しい問題が残されています［→第9章1-(3)］。

（2）教室環境の整備

　もう一つ，教師が，というより担任がしておかなければならないことに，教室環境の整備があります。子どもたちがいる時間に隅々まで目を配ることは難しいため，いない時間にじっくりと取り組んでほしい点です。

　教室環境の整備には，採光，通風，保温，騒音，安全への配慮，そして掲示物があります。カーテンや窓の開け閉めは子どもたちが自主的に行うものだと考えがちですが，子どもたちが気づけない変化に気づいて指示を出すのも，教師の役目です。また，当番表や係のこと，学級目標，作品などが掲示されている教室は，活気が感じられます。ただし，現在では発達障害や視覚優位にある子どもたちの集中力を削がないように，教室の前面にはあまり掲示物を貼らないことが慣例となっています。

　近年，優れた教育実践の中には，教室環境の整備に子どもたちを参加させ，創意工夫を取り入れることで「私たちのクラス」という意識をもたせるというものがあります。

ワーク6

　教員が配慮すべき事項の一つにUDLがあると言われています。そのUDLとは何か，調べてまとめてみよう。

第7章

校務分掌と学校経営

1．学校に置かれる職

（1）教諭と教師

教師の日常業務から職務内容をここまで見てきました。

a．教師と教員

ここで用語の整理をしておきます。教師には，法令上いろいろな用語が充てられています。一番多いのは教員，その他に教育職員（たとえば教育職員免許法），教育公務員（たとえば教育公務員特例法）があります［→第1章1-(1)］。

教師と教員の違いについては，教師はその個人単位で教師であるのに対して，教員は学校教育の組織の一員としての意味合いが強くなります。その点では，教員は退職してしまえばただの人ということになってしまいますが，教員としての仕事を通して人間的に成長して，組織を離れても感化力のある人物となることで真の教師になるべきだ，という説もあります。

これに対して教諭という言葉を聞いたことがあるかもしれませんが，教諭とは教師の職を表す名称です。学校の先生といわれる人たちのほとんどは教諭ですが，それ以外の職の教師も働いています。

b．教師の職

学校で働く教師の職としてどのようなものが浮かぶでしょうか。校長，教頭，それに保健室の先生がいたなぁ，ということが浮かべばまあまあです。事務の人にお世話になったと思い出す人もいるかもしれません。学校教育法では，次のように定められています。

> 学校教育法（第37条①）　小学校には，校長，教頭，教諭，養護教諭及び事務職員を置かなければならない。

　このうち養護教諭は「保健室の先生」のことです。この校長，教頭，教諭，養護教諭はみな教師で，教員免許をもった教員です。事務職員は，学校事務の採用選考試験を受けて職員になります［→第14章1-(3)］。

　ここまできて，「あれっ，うちの学校には副校長はいたけど，教頭はいなかったよ」とか「給食の時に指導に来てくれた先生がいたはずだけど……」という人もいるかもしれません。それについては，さらに学校教育法で次のように定められています。

> 学校教育法（第37条②）　小学校には，前項に規定するもののほか，副校長，主幹教諭，指導教諭，栄養教諭その他必要な職員を置くことができる。

　第37条①であげられた職が必ず置かなければならないもの（必置）であったのに対して，②では学校によっては置いてもいいし，置かなくてもいい職があげられています。給食の時に指導に来てくれたのは栄養教諭です。

（2）学校の管理職

a．管理職とは

　学校で働く教師のうち，校長，副校長，教頭を管理職といいます。管理職は，学校の運営全体に責任をもつ職であり，管理職になるには，そのための試験に合格している必要があります［→第13章4-(1)］。

　その中でも校長は学校で起こるあらゆることについて判断をし，責任をとらなければならない重要な職です。学校教育法では次のように定められています。

> 学校教育法（第37条④）　校長は，校務をつかさどり，所属職員を監督する。

　この校長を助けるのが副校長や教頭ということになります。副校長と教頭との違いについても，さらに学校教育法を見てみましょう。

> 学校教育法（第37条⑤）　副校長は，校長を助け，命を受けて校務をつかさどる。

> 同法（第37条⑦）　教頭は，校長（副校長を置く小学校にあつては，校長及び副校長）を助け，校務を整理し，及び必要に応じ児童の教育をつかさどる。

　このように，副校長には校務をつかさどるという側面があるのに対して，教頭には校務を整理するという側面と，場合によっては児童の教育をつかさどるという側面もあります。つまり教頭は場合によっては授業をすることもあるが，副校長にはそれがない，ということになります。

　副校長と教頭の両方がおかれている学校はとても少ないです。というのも学校教育法では，副校長が置かれた場合には教頭を置かないことができるとされているからです。副校長，教頭いずれも校長が欠けたときには職務を代理することになっています。

b．教師に必要な「ホウレンソウ」

　教諭となったとき特に気を付けたいのは，これらの管理職との「ホウレンソウ」です。ホウレンソウとは，報告・連絡・相談のことです。ホウレンソウは通常の業務や組織運営にとって必要なだけでなく，子どもとのこと，保護者とのこと，同僚教師とのこと，困ったことや気がかりなことができたときには，自分一人で抱えるのではなく，管理職と情報を共有し，問題を解決するのにも必要です。管理職はみなさんを監視するためにいるのではありません。学校はひとつのチームです。そのチームが機能するための連携には，十分に気を配る必要があります［→第4章2-(1)］。

（3）教諭たち

　管理職以外の教師は基本的に教諭という職にあります。教諭は，学校教育法で次のように定められます。

> 学校教育法（第37条⑪）　教諭は，児童の教育をつかさどる。

　このように教諭の仕事は，児童生徒の教育をすることと定められています。
　教諭の他には主幹教諭と指導教諭を置くことができるとされています。主幹教諭とは，教諭の中でのリーダー的立場の教師で，管理職と教諭たちを結ぶポジションとされます。

> 学校教育法（第37条⑨）　主幹教諭は，校長（副校長を置く小学校にあつては，校長及び副校長）及び教頭を助け，命を受けて校務の一部を整理し，並びに児童の教育をつかさどる。

このように，児童生徒に対する授業を行いつつも学校の管理的業務を行うことになっています。これに対して，指導教諭は次のように定められています。

> 学校教育法（第37条⑩）　指導教諭は，児童の教育をつかさどり，並びに教諭その他の職員に対して，教育指導の改善及び充実のために必要な指導及び助言を行う。

つまり，管理的側面よりは現場のよき先輩というポジションになります。

教諭が主幹教諭や指導教諭になるには，選考試験を課しているところがほとんどです。選考試験を受ける条件として年齢や経験年数を定める自治体もあります。基準は自治体によってまちまちですが，教員経験年数をおおよそ10年ほど過ぎていることを条件としているようです。

2．校務分掌

（1）校務分掌とは

　教師として働き始めて最初の会議が4月1日の「初会議」です。配られる一枚の紙に，その年一年間の学校の仕事の分担が示されます。その紙には「校務分掌」と書かれています。

　校務分掌は法令上の用語で，次のように説明されます。

> 学校教育法施行規則（第43条）　小学校においては，調和のとれた学校運営が行われるためにふさわしい校務分掌の仕組みを整えるものとする。

　先に見たように，校務をつかさどるのは校長ですから，校長が考える校務を学校の教職員に割り振って分担されることを校務分掌というわけです。

a．校務分掌とは

　校務分掌の内容についてちょっと古いですが，『教育福島36号』（1978年11月）

での福島県教育委員会による解説を引用しましょう。そこには次のようにあげられています。

- ・職員の指導監督及び児童・生徒等の管理に関すること
- ・公文書の受理と発送に関すること
- ・公簿の保管に関すること
- ・諸会計に関すること
- ・教育課程の編成に関すること
- ・教具，図書の購入及び保管，活用に関すること
- ・校具の購入，保管，活用に関すること
- ・学校の諸種の施設，物品等の維持に関すること
- ・PTA活動，同窓会活動に関すること

　現在は，ここに地域との連携に関することなどが入ってくると思います［→第4章1-(1)］。また，授業方法の改善が求められる現在では，諸種の研究会が校内に設置されていますので，そのあたりは時代の変遷を感じます。

b．現在の校務分掌

　現在では，さまざまな学校の校務分掌を各学校のWebサイトで見ることができます。それを見ると，校務分掌の形態は，学校種によっても，学校規模によっても大きく異なることがわかります。また，その学校がどのようなことをテーマとして教育に取り組んでいるかも見えてきます。

　校務分掌は大きくわけて，教務といわれる教育課程に関する部門，研究といわれる授業改善に関する部門，学校運営にかかわる部門，渉外といわれる学校外との連携にかかわる部門が置かれているケースが多くあります。中学校ではそれらに加えて，生徒指導にかかわる部門や進路指導にかかわる部門が置かれることになります。

(2) 割り当てられる校務分掌

　それでは，それぞれの教諭が割り当てられる校務分掌にはどのようなものがあるでしょうか。

学校規模によって一人当たりの教員に割り当てられる校務分掌の数は異なります。大規模校に比べて小規模校では，当然のことながら一人当たりの校務分掌数が多くなります。反対に，大規模校では校務分掌数は少ないかわりに，一つの仕事の重みが増します。一概にどちらが良いとはいえません。

a．会議は無駄か？

また校務分掌は，一人で任されるものもありますが，何人かで任されるものが多く，赴任したばかりのときは，同じ担当の先生に仕事内容を聞きながら覚えていくことになります。放課後に多い「会議」とは，このような校務分掌の打ち合わせも含まれています。

教員の仕事の多忙化が叫ばれる中で，こうした会議を減らそうとする動きがあります。たしかに会議ばかりが続くと「教師の仕事ってなんだ？」と考えがちですが，一方で会議というのは情報交換の場でもあり，互いの仕事のコンセンサスを得る上でもとても重要です。多くの人が納得して仕事ができるよう，会議を軽視しないでほしいものです。

b．校務分掌としての担任

意外かもしれませんが，学級担任も校務分掌の一つに入ります。

小学校では，何年何組の担任になるのか，中学校以上では担任になるのか副担任になるのかも，この校務分掌として決められます。そして，それを決定するのは，校長の役割です。

例えば4年2組の担任になれば，その教師は4年の学年団に入ることになります。授業の進行や行事の運営，宿題の出し方など，なるべく同一学年で調整していくのが通例です。学年進行によってクラス替えをした時に，学んだ内容にばらつきがでないように配慮しておくことも，子どもたちの学びのためには必要となるのです。

（3）充て職

職としては教諭（または指導教諭，養護教諭）でありながら，校務分掌として割り当てられ，責任ある仕事を任される場合があります。それらについては学校教育法施行規則で名称と仕事の内容が定められています。これらの仕事は，専門の教員がいるのではなく，教諭などの仕事に加えて「充てられる」も

のなので,「充てる職」または「充て職」といわれています。「充て職なんて聞いたことがない」という人は多いと思いますが,主任や主事が充て職だといわれると気づく人もいるかもしれません。

a．学年主任

充て職として,おそらく最初に頭に浮かぶのは,次のように定められる学年主任ではないでしょうか。

> 学校教育法施行規則（第44条⑤）　学年主任は,校長の監督を受け,当該学年の教育活動に関する事項について連絡調整及び指導,助言に当たる。

学年主任は,同一学年の担任のうちもっとも経験を積んだ先生がなっていたことを思い出すでしょう。

b．教務主任

もう一つ,学校でとても重要な役割を果たしているのが教務主任です。教務主任は,次のように説明される充て職です。

> 学校教育法施行規則（第44条④）　教務主任は,校長の監督を受け,教育計画の立案その他の教務に関する事項について連絡調整及び指導,助言に当たる。

実は学校の中で,全学年の教育課程とにらめっこしながら,時間割の調整から非常勤講師の調整まで,教育課程にかかわるありとあらゆる実務をこなすのがこの教務主任なのです。したがって教務主任は学級担任をもたずに,その仕事に専念するケースが大半です。地域によっては教務主任は管理職になる一歩手前の仕事だとされています（したがって,主幹教諭を置く学校では教務主任を置かずに,その仕事を主幹教諭に任せることが法令上可能になっています。これは学年主任も同じです）。

c．保健主事

もうひとつ,学校に置かれる充て職に保健主事があります。

> 学校教育法施行規則（第45条④）　保健主事は,校長の監督を受け,小学校における保健に関する事項の管理に当たる。

保健主事となるのは,教諭または養護教諭です。養護教諭は担任する学級が

ありませんので、学年主任や教務主任になることはありませんが、保健主事にはなることが多くあります。

d．中・高等学校で置かれる主事

その他、中・高等学校では生徒指導主事や進路指導主事があります。いわゆる生徒指導の先生、進路の先生です（学校教育法施行規則第70, 71条で定められています）。

これらの主事や主任は、校務分掌上任される仕事の長として中心的な力を発揮することが求められています。

ワーク7

法令で定められている、学校に置くべき公簿に何があるか、調べてみましょう。

第8章

学校運営の責任者

1．学校を管理するのは誰か

（1） 学校の設置者とは

　みなさんが通った小学校は何立でしたか？　市立？　町立？　はたまた村立？　中学校はどうでしたか？　高校は？　そして幼稚園は？　保育所はどうでしょう？

　この「何立」か，の「何」の部分が学校を設置した者であり，これを設置者といいます。「私の出た幼稚園は，市立でも町立でも村立でもなかった」という人はもしかすると私立の幼稚園に通ったのかもしれません。私立の設置者は「私」なのでしょうか？　そのあたりを見ていきましょう。

　現在，学校教育法第2条では，学校を設置できるのは，国と地方公共団体と学校法人の三者と限定しています。そのうち，国が設置した学校を国立，地方公共団体が設置した学校を公立，学校法人が設置した学校を私立の学校といいます。

　つまり，市立，町立，村立そして県立，都立，府立，北海道なら道立の学校をすべて公立学校といいます。ちなみに，市立と私立とは音の上で区別がしにくいので，市立を「いちりつ」，私立を「わたくしりつ」と呼んでいます。

（2） 学校の設置者管理主義・経費負担主義

　学校を設置した者（これは学校の創設者ということではありません）を設置者ということは確認できましたが，この設置者にはただ学校をつくっただけでは終わらない責任が課されています。学校教育法では，設置者の責任について

記されています。

> **学校教育法（第5条）** 学校の設置者は，その設置する学校を管理し，法令に特別の定のある場合を除いては，その学校の経費を負担する。

つまり設置者は学校をつくった以上，その管理もしなければならないし，それにかかる費用も負担しなければならないとされているのです。

a．管理責任者としての教育委員会

学校でいじめ事件などが起きたときに，校長などの管理職に加えて，教育委員会が事情の説明を求められるのは，本来学校の管理責任が教育委員会にあるからです。

しかも，地方教育行政の組織及び運営に関する法律（地教行法）に，次の定めがあります。

> **地方教育行政の組織及び運営に関する法律（第21条）** 教育委員会は，当該地方公共団体が処理する教育に関する事務で，次に掲げるものを管理し，及び執行する。
> 1　教育委員会の所管に属する第30条に規定する学校その他の教育機関（以下「学校その他の教育機関」という。）の設置，管理及び廃止に関すること。
> 2　教育委員会の所管に属する学校その他の教育機関の用に供する財産（以下「教育財産」という。）の管理に関すること。
> 3　教育委員会及び教育委員会の所管に属する学校その他の教育機関の職員の任免その他の人事に関すること。（後略）

つまり，教育委員会は学校を設置するだけでなく廃止も決定できるのだということがわかります。また，地教行法で次の定めもあります。

> **地方教育行政の組織及び運営に関する法律（第33条）** ①　教育委員会は，法令又は条例に違反しない限度において，その所管に属する学校その他の教育機関の施設，設備，組織編制，教育課程，教材の取扱その他学校その他の教育機関の管理運営の基本的事項について，必要な教育委員会規則を定めるものとする。この場合において，当該教育委員会規則で定めようとする事項のうち，その実施のためには新たに予算を伴うこととなるものについては，教育委員会は，あらかじめ当該地方公共団体の長に協議しなければならない。
> ②　前項の場合において，教育委員会は，学校における教科書以外の教材の使用に

について，あらかじめ，教育委員会に届け出させ，又は教育委員会の承認を受けさせることとする定を設けるものとする。

　このように教育委員会は，予算に関しては首長との協議が必要であるものの，教育課程を含めた学校運営全般について責任を負っていることがわかります。

b．私立学校の設置者・管理者

　教育委員会と同様に，私立学校で何か問題が起きたとき，管理責任が問われるのは学校法人ということになります。幼稚園は，私立であることが大変多いため，その点はよく知っていた方がよいでしょう。

（3）学校管理規則の存在

　教育委員会が設置した学校の管理運営について，全般的な責任が教育委員会にあるといっても，教育委員会の人が学校にずっと張り付いていることはできません。教育委員会は学校だけでなく，その地域の教育全般に責任を負っているからです。

　そこで，学校の日常的な管理運営については，学校のことをよくわかっている校長に任せるということが，ほとんどの学校で行われています。この教育委員会と校長との業務分担を示したものを学校管理規則といい，都道府県や市町村の教育委員会が定める教育委員会規則の一つです。たとえば横浜市では「横浜市立学校の管理運営に関する規則」として，校長が行うべき業務内容を定めています。

　したがって，学校運営についての日常的判断は校長が行っていくわけですが，新たに副読本や学習帳などを子どもたちに使わせるような特別な場合には，教育委員会への届け出が必要となります。学校を運営するにあたっての基本的な判断は校長に任せられていても，教育委員会の存在は常に身近なところにあるといえます。

（4）例外的な設置者

　ところで，設置者について，学校教育法第2条では三者に限定しているのですが，それには2つの例外があります。

ひとつは、学校教育法の規定にもとづくものです。

> **学校教育法（附則第6条）** 私立の幼稚園は、第2条第1項の規定にかかわらず、当分の間、学校法人によって設置されることを要しない。

戦前より、私立幼稚園には神社や寺や教会（1951年より「宗教法人」）、また個人が設置したケースが多くありました。その経緯を尊重して、学校教育法が施行された1947年から「当分の間」という例外規定が依然として残っているのです。

もうひとつは、特区制度を利用したNPO法人や株式会社が設置者になるケースです。これらの場合でも学校教育法第5条は適用されることになります。どのような設置者でも管理と財政負担は行わなければなりません。

2．校長の権限

（1）職員会議とは

明治になって日本全国に学校教育制度がつくられた時には、とにかくどんな形でも学校がつくられ、一人でも多くの子どもが教育を受けられるようにということがめざされてきました。第二次世界大戦後は、それが教育の機会均等といわれ、形だけでなく、教育の実質も日本全国同じ水準になるよう行政も教師たちも努力してきました。

その一方で、学校が画一してきたのではないかという批判も出てきました。とりわけ地方都市の文化的特色が失われつつある中で、せめて学校ごとに何か特色づけができないか、ということが試行錯誤されてきました。

そんな中で、学校運営の実質的責任者である校長の権限を強化してリーダーシップを発揮できるようにし、各学校がそれぞれ特色を出せるようにするという政策がとられてきました。

その一つが職員会議の位置づけを制度化することです。みなさんも子どものころに、職員室へ先生に会いに行ったら「職員会議だから会えない」と言われた経験があるのではないでしょうか。

職員会議は学校の全教職員（学校によっては用務員や調理員も参加するところもあります）が揃う場であり，学校全体で共有すべき情報を交換し，学校全体の意識の統一を図る場です。学校教育法施行規則第48条では「校長の職務の円滑な執行に資するため」に置くことができ，「校長が主宰する」と位置づけられてます。

（2）学校評議員制度

校長のリーダーシップ強化のためにもうひとつ導入されたのが，学校評議員制度です。学校評議員制度は，次のように役割が法令で定められています。

> 学校教育法施行規則（第49条②）　学校評議員は，校長の求めに応じ，学校運営に関し意見を述べることができる。

しかも，評議員は次のように位置づけられます。

> 学校教育法施行規則（第49条③）　学校評議員は，当該小学校の職員以外の者で教育に関する理解及び識見を有するもののうちから，校長の推薦により，当該小学校の設置者が委嘱する。

このように，校長の推薦を受けたものが評議員になります。評議員は地域の有識者であり，学校外から学校運営が活性化するアイディアを取り入れることが目的です。

学校評議員制度は，もともとは「開かれた学校」にするために構想された制度でした。今でも学校経営に地域の人などの声を反映するという意味では一定の成果をあげているものの，その後，学校評価の制度が拡充されていく過程で学校経営に地域の人や保護者の声を反映させる仕組みが充実してきたことにより，校長のリーダーシップ強化のための制度に変化してきました。

3. コミュニティ・スクールとは

(1) 学校経営参加の仕組み

　特色ある学校づくりをめざした校長のリーダーシップ強化について見てきましたが，その一方で学校の特色は校長によって決まるのか，という疑問も出てきます。

　学校ごとの特色は，往々にして地域性に左右される部分があります。地域の大人たちが子どもを見守る姿勢があると，子どもたちは落ち着いてきます。山間部の小学校などを訪問すると，大人たちがしっかりとムラの子どもたちの名前を覚えていて，「おらが子どもたち」として子どもに接している姿をみかけます。都会でも登下校を「見守る隊」のみなさんが子どもたちの様子をよく見ていてくれて，「今日，○○は元気なかったなぁ」などと教頭と話している姿を見かけます。

　こうした地域住民や保護者の力を学校運営に生かせないか，ということから考え出されたのがコミュニティ・スクールです。

　現在，日本の公立小・中学校（義務教育学校も含む）の約1割がコミュニティ・スクールとなっていますが，まだまだ身近なものとはなっていないでしょう。自治体によってはすべての小・中学校をコミュニティ・スクールにしたところもありますが，その普及は途上にあります。

　このコミュニティ・スクールの最大の特徴は，地域住民や保護者に学校経営に参加してもらうことで，学校を特色づけようとしているところです。地域住民や保護者は，教育課程を含む学校運営の方針に承認を与えたり，教員の任用について意見を述べたりすることが可能となっています。地域性を生かした教育を行うのに，教育課程や教員が一律では工夫の余地がなくなってしまいます。そうした工夫を可能にするのが，このコミュニティ・スクールなのです。

(2) 学校運営協議会

　コミュニティ・スクールとなるには，その学校に学校運営協議会がおかれる

必要があります。

　学校運営協議会については，地方教育行政の組織及び運営に関する法律第47条の6に定められています。そこで学校運営協議会の委員として挙げられているのが，①地域の住民，②保護者，③地域学校協働活動推進員や学校の運営に資する活動を行う者，④教育委員会が必要と認める者，です（地域学校協働活動については第4章2-(3)を参照）。

　学校運営協議会の設置も，学校運営協議会の委員の任命も教育委員会が行いますので，地域主導というよりは教育委員会主導ということもできますが，学校の運営に多くの声が反映されることになったのは画期的です。

　と同時に，教師たちも，学校教育に多くの人たちの手が入るようになった一方で，自分たちの教育活動が多くの人たちに見守られるようになったという緊張感をもつ必要が出てきました。

　コミュニティ・スクールの制度ができたとき，学校現場では，地域住民や保護者が学校運営にいろいろと口出しをすることによって学校運営が混乱するのではないかと危惧する声がありました。しかしながら，実際ふたを開けてみると，学校運営に協力的な大人たちが増えて，学校がより活性化したとの報告が多く上がりました。

（3）学校運営協議会の今後

　地方教育行政の組織及び運営に関する法律では，次のことが定められています。

> **地方教育行政の組織及び運営に関する法律（第47条の6①）**　教育委員会は（中略）その所管に属する学校ごとに，当該学校の運営及び当該運営への必要な支援に関して協議する機関として，学校運営協議会を置くように努めなければならない。(後略)

　このように，学校運営の支援に地域住民や保護者が積極的にかかわってくれるようになるというのは，教員の多忙化がいわれる現在では，とても心強いものです。

　しかしながら，そうした支援を得るにあたっては，一方ではその教師自身がどんな教育をめざしており，そのためにどんな支援が必要なのかをしっかり表

明できなければならないということを意味しています。手伝ってもらえるからこそ，教師は自分の教育観，学級経営観を示せるようにしておく。それが，地域住民や保護者と連携するにあたって重要となるのです。

ワーク8

　実際のコミュニティ・スクールの例をインターネットで探し，その特色について整理してみよう。

第9章
教師の服務上・身分上の義務と処分

1．服務事項

（1）公務員としての公立学校教員

　公立学校の教員は所属する学校のスタッフであるのと同時に，その学校を設置した地方公共団体の公務員でもあります（ただし，任用のところで述べたように多くは県費負担教職員として都道府県の公務員となっています［→第10章2-(2)］）。

　したがって教師は，教師として果たすべき責務と同時に，公務員として果たすべき義務を負っているのです。

　ただし，以下にあげる義務は公務員が果たす義務ですので，私立学校の教員に単純にすべてが適用されるわけではありません。しかし私立学校の教師にはそれぞれの学校法人が定める服務規程があり，そこに同様のことが定められているので，教師に共通する基本項目として覚えておいてほしいものです。

　まずは公務員としての基本姿勢です。日本国憲法では次の定めがあります。

> **日本国憲法（第15条②）**　すべて公務員は，全体の奉仕者であつて，一部の奉仕者ではない。

　同様のことは，次のように地方公務員法の中にあります。

> **地方公務員法（第30条）**　すべて職員は，全体の奉仕者として公共の利益のために勤務し，且つ，職務の遂行に当つては，全力を挙げてこれに専念しなければならない。

両者に書かれているのは、公務員が特定の誰かのためではなく「全体の奉仕者」として働かなければならないということです。子どもに対して平等に接するだけでなく、教育という仕事が「公共の利益のため」にあるのだという自覚が必要なのです。

（2）職務上の義務

教員が職務上果たさなければならない義務は3つです。

ａ．服務の宣誓義務

まずは<u>服務の宣誓</u>の義務です。公務員となったとき、4月1日に辞令交付式が行われます。教員であれば、「あなたを正式に教員として採用しますよ」という式です。その時に行われるのが服務の宣誓で、地方公務員法第31条で義務づけられています。宣誓する内容は、「日本国憲法に従います」ということと、「ここの公務員としてしっかり働きます」というごく常識的なことです。

ｂ．法令及び上司の命令に従う義務

つぎに<u>法令及び上司の命令に従う義務</u>が、地方公務員法で定められています。

> **地方公務員法（第32条）** 職員は、その職務を遂行するに当つて、法令、条例、地方公共団体の規則及び地方公共団体の機関の定める規程に従い、且つ、上司の職務上の命令に忠実に従わなければならない。

同様の記述は、地方教育行政の組織及び運営に関する法律にもあります。

> **地方教育行政の組織及び運営に関する法律（第43条②）** 県費負担教職員は、その職務を遂行するに当つて、法令、当該市町村の条例及び規則並びに当該市町村委員会の定める教育委員会規則及び規程（前条又は次項の規定によつて都道府県が制定する条例を含む。）に従い、かつ、市町村委員会その他職務上の上司の職務上の命令に忠実に従わなければならない。

ここでのポイントは2点です。1点目は法令に従う義務があるということ。法令とは、法律だけでなく、施行令、施行規則、告示、条例、そして規則も、ということになります。法令に従わなければならないということは、その法令を知っていなければならないということです。「知らなかったから……」では

すまされないのです。2点目は，上司の命令のうち「職務上」の命令に従わなければならないという点です。

c．職務専念義務

職務上の義務の最後は，職務専念義務です。「？」と思った人も多いでしょう。職務専念義務は，地方公務員法で次のように定められています。

> 地方公務員法（第35条）　職員は，法律又は条例に特別の定がある場合を除く外，その勤務時間及び職務上の注意力のすべてをその職責遂行のために用い，当該地方公共団体がなすべき責を有する職務にのみ従事しなければならない。

それでも「えっ？」と思う人は多いでしょう。なぜなら，ここでいわれているのは，「公務員は仕事の時間中は仕事に集中して，他のことはしてはいけないよ」ということで，当たり前だという人がほとんどだと思われます。

しかし，これを厳密に適用すると，仕事中は休憩も何もできないことになってしまいます。そうならないために，このような職務専念義務を定める一方で，その義務が免除される場合を法令で定めています。たとえば，研修［→第13章1～3］や，生理休暇を含む休暇なども，そのひとつです。

（3）身分上の義務

公務員であるがゆえに守らなければならないこと，禁止されていることが5つあります。ここではそれを見ていきます。

a．信用失墜行為の禁止

まずは信用失墜行為の禁止です。地方公務員で次のように定められます。

> 地方公務員法（第33条）　職員は，その職の信用を傷つけ，又は職員の職全体の不名誉となるような行為をしてはならない。

この場合の信用とは個人的な信用のことではなく，公務員の信用を落とすようなことはしてはいけない，という意味での信用です。

b．守秘義務

次が守秘義務です。この守秘義務は教員の服務事項としてあげられている5つのうち一番重要であり，一番気を付けなければならない義務です。

> **地方公務員法（第34条①）** 職員は，職務上知り得た秘密を漏らしてはならない。その職を退いた後も，また，同様とする。

この規定の他，学校教育から離れますが，児童福祉法にも関連する定めがあります。

> **児童福祉法（第18条の22）** 保育士は，正当な理由がなく，その業務に関して知り得た人の秘密を漏らしてはならない。保育士でなくなつた後においても，同様とする。

構造は同じでポイントは2つあります。1点目は，秘密は秘密でも「職務上知り得た」秘密としているところです。教員の場合，特に多くの個人情報に接します。それらを外で話すことも，書かれたものを持ち出すことも禁止されています。ましてや，SNS上にのせるなどもってのほかです。2点目は，その秘密は退職した後も守り続けなければならないという点です。昔のことだからいい，ということはありません。秘密は墓場までもっていかなければならないのです。

c．争議行為等の禁止

3つめは争議行為等の禁止です。労働三権として認められている争議権ですが，公務員については給与額について人事院が調査して勧告するという形をとっているため，地方公務員法第37条で争議行為は禁じられています。

d．政治的行為の制限

4つめは政治的行為の制限です。地方公務員法第36条では，特定の政党や政治団体の役員になってはいけないし，選挙等の応援も，また同僚を巻き込むこともしてはいけないと，公務員の政治活動を厳しく制限しています。しかも教育公務員特例法第18条では，政治的行為の制限だけは地方公務員法ではなく国家公務員法を適用するとしています。これはどういうことかというと，地方公務員であれば勤務する自治体を離れると選挙の応援などが可能になりますが，教員は日本全国でそれが禁じられている，ということです。

e．営利企業等従事の制限

政治的行為が他の地方公務員に比べて厳しく制限されているのに対して，5

つめの営利企業への従事等の制限では，例外が認められています。もちろん原則は次のとおりです。

> **地方公務員法（第38条①）** 職員は，任命権者の許可を受けなければ，商業，工業又は金融業その他営利を目的とする私企業（以下この項及び次条第一項において「営利企業」という。）を営むことを目的とする会社その他の団体の役員その他人事委員会規則（中略）で定める地位を兼ね，若しくは自ら営利企業を営み，又は報酬を得ていかなる事業若しくは事務にも従事してはならない。

簡単にいうと副業は認められていないということです。つまり，昼間は教員，夜は家庭教師というようなことはできません。

しかしながら教員の中には，長年の教員経験の中で独自の教材を開発したり，魅力的な教育方法を開発したり，学級経営のアイディアを作り出している人がいます。こうした教師の能力を眠らせるのは教育界全体の損失となります。そこで教育公務員特例法は，次のように定めています。

> **教育公務員特例法（第17条①）** 教育公務員は，教育に関する他の職を兼ね，又は教育に関する他の事業若しくは事務に従事することが本務の遂行に支障がないと任命権者（地方教育行政の組織及び運営に関する法律第37条第1項に規定する県費負担教職員については，市町村（特別区を含む。以下同じ。）の教育委員会。第23条第2項及び第24条第2項において同じ。）において認める場合には，給与を受け，又は受けないで，その職を兼ね，又はその事業若しくは事務に従事することができる。

2．処分について

（1）身分保障と処分

教育基本法で，教師の身分は次のように定められています。

> **教育基本法（第9条②）** 前項の教員については，その使命と職責の重要性にかんがみ，その身分は尊重され，待遇の適正が期せられるとともに，養成と研修の充実

が図られなければならない。

　社会全体の認識として，教育は貴い仕事であるから，教員は皆から尊敬される存在でなければならない，というものがある一方で，だからこそそれにふさわしい行動ができない教員には，厳しい目が注がれるべきだというものがあります。

　公務員として，教員としてふさわしくない行為があった場合，処分を受けることになります。ただこの処分は，きちんと法令に基づいた理由によって行われなければなりません。地方公務員法第27条で，処分は「公正」でなければならないし，地方公務員法で定める理由によらなければ処分されないとされています。

　公務員の処分には分限処分と懲戒処分とがあります。以下，それぞれみていきましょう。

(2) 分限処分とは

　分限処分には降任，免職，休職，降給があります。また，「処分」とついていますが，本人に問題があるから処分されるという意味の処分ではありません。処分の理由をあげているのが，次の条文です。

地方公務員法（第28条①）　（中略）
1　人事評価又は勤務の状況を示す事実に照らして，勤務実績がよくない場合
2　心身の故障のため，職務の遂行に支障があり，又はこれに堪えない場合
3　前二号に規定する場合のほか，その職に必要な適格性を欠く場合
4　職制若しくは定数の改廃又は予算の減少により廃職又は過員を生じた場合

　いずれも，公務員や教職には向いていない（この仕事でなければやれるかもしれない）という理由です。[→第11章3-(3)]

　その意味ではゆるやかな処分ということになりますが，教員として不適格とされた人が場所を変えて教員となることには問題もあります。そこで教育職員免許法第10条では，上記のうち勤務実績がよくない場合と適格性を欠く場合で分限処分を受けたときには，教員免許を失効させるとなっています。

（3）懲戒処分とは

　懲戒処分には戒告，減給，停職，免職があります。地方公務員法は，処分の理由を次の3点としています。

> **地方公務員法（第29条①）**　（中略）
> 1　この法律若しくは第57条に規定する特例を定めた法律又はこれに基く条例，地方公共団体の規則若しくは地方公共団体の機関の定める規程に違反した場合
> 2　職務上の義務に違反し，又は職務を怠つた場合
> 3　全体の奉仕者たるにふさわしくない非行のあつた場合

　分限処分と比べればわかりますが，これらは明らかに公務員として問題があった場合の処分であり，制裁の意味が出てきます。

　同じように職場に来ないことでも，休職は職場に来られない状況をふまえて出されるのに対して，停職は職場に来てはいけない，ということです。免職に至っては，職場を辞めるという点では同じですが，分限処分で免職になることに罰の意味はないので退職金が支払われますが，懲戒処分での免職では退職金が支払われません。新聞等であえて「懲戒免職」という言葉が使われるのはそのためです。

　ちなみに，先ほどの教育職員免許法第10条では懲戒免職を受けた場合には教員免許が失効するとされています。

3．出産子育てを保障する法令

（1）産休について

　教員の身分保障として，触れておかなければならない点があります。
　みなさんは産休の期間がどれくらいだと思いますか？　正解は8週間です。「ええーっ?!」と思う人が多いでしょうが，それは，産休と育休とを混同してしまっているためです。
　そもそも産休と育休とは根拠法令が違います。まずはここから押さえておき

ましょう。

働く人の基本的な権利を定めた法律が労働基準法です。産休は次のように労働基準法で定められています。

> **労働基準法（第65条）** ①　使用者は，6週間（多胎妊娠の場合にあつては，14週間）以内に出産する予定の女性が休業を請求した場合においては，その者を就業させてはならない。
> ②　使用者は，産後8週間を経過しない女性を就業させてはならない。ただし，産後六週間を経過した女性が請求した場合において，その者について医師が支障がないと認めた業務に就かせることは，差し支えない。
> ③　使用者は，妊娠中の女性が請求した場合においては，他の軽易な業務に転換させなければならない。

整理しますと，まず産前の休暇は出産予定日の6週前からとれますが，みずから請求する必要があります（大抵の公立学校なら，頼まなくても事務職員さんがその手続きをしてくれますが，必ずしもすべてがそうとは限らないので，このことは覚えておいた方がいいでしょう）。

次に，産後は8週間，この期間は働かせてはいけないということになっています。ただし，本人が望み，医師が認めればその休暇を短くすることが可能です。最後に，妊娠中，重いものを運ぶ仕事を代わってもらうことも可能です。

産休が終わったら育休をとることができますが，それがかなわない場合でも，次のとおりの定めがあります。

> **労働基準法（第67条①）**　生後満1年に達しない生児を育てる女性は，第34条の休憩時間のほか，1日2回各々少なくとも30分，その生児を育てるための時間を請求することができる。

（2）育休について

育休については，「育児休業，介護休業等育児又は家族介護を行う労働者の福祉に関する法律」が基本となり，公務員についてはさらに「地方公務員の育児休業等に関する法律」があります。前者では育休を子どもが1歳になるまでとしているのに対して，後者では3歳になるまでとなっています。ちなみに産

休は母親しかとれませんが，育休は母親でも父親でもとることが可能です。男女共同参画の時代です。男女を問わず，主体的かつ積極的に子どもを育ててほしいですね。

　また，育児休業の期間には給与は支払われません。公務員の場合は共済組合などから，1年目まで支払われる（40％程度）こともあります。ただし復帰後については，育児休業を理由として不利益な扱いをしてはいけない，と定められています。

　育休期間が終わっても，子育てのたいへんさは変わりません。保育所への送り迎えなどに，どうしても時間がかかってしまう場合には，部分休業を申請することが可能です。また，子どもが突然病気になってしまった場合には，特別休暇（1年に5日程度）をとれる場合もあります。いずれの場合も，子どもが小学校に入る前までとされています。

　この特別休暇は，忌引，ボランティアへの参加や裁判員としての出頭などの他に，結婚準備，妻が出産する場合の立ち合いや就学前の上の子どもの世話のためなどの場合にも適用されます。

（3）介護休暇

　最後に介護休暇に触れておきましょう。出産と違って，介護を必要とするときは突然やってきます。介護休暇は，自分の配偶者，父母，子ども，配偶者の父母などの介護が必要になった時にとることができます。一回に93日までということが法令で定められており，2週間前までに申し出ることが必要です。

(ワーク9)

　教師が職務上知り得る「秘密」にはどのようなものがあるか，20以上あげてみよう。

第10章 諸外国の学校及び教員の制度

　ここまで，みなさんの知る教師の職務内容から服務までを見てきました。身近な教師が，意外にいろいろなもの背負って仕事をしていることがわかったのではないでしょうか。とはいえ，このような仕組みが子どもたちにとって，また教師にとって最良であるのか，常に試行錯誤が必要です。

　一般に，日本の教師は教育に熱心なあまり自己犠牲を強いてしまいがちで，そのために燃え尽きてしまう場合が多いといわれています。熱心な教師が多く辞めていくという現状は，教師個人だけでなく，子どもにも保護者にも不幸なことといわざるをえません。

　教師にとっても，子どもにとっても，社会にとっても，一番良い方法とはどのようなものなのでしょう。視野を広げて考えるときに必要なのは，「ここ」だけを見るのではなく，「ほか」がどうしているのかを見て，比較することです。

1．諸外国の学校制度

（1）学校体系の区切り

　諸外国といってもすべての国を比較するのは難しいので，教育制度が比較的早い時期に形成された欧米諸国とアジアの国を比較してみます。

　比較するにあたって，国際的標準となっている学校体系の区切りを見ておきましょう。学校体系は大きく分けて，就学前教育，初等教育，中等教育，高等教育があります。

　就学前教育は小学校前の教育をいい，日本でいえば幼稚園（認定こども園）をさします。初等教育は小学校教育です。ややこしいのは中等教育で，日本で

は中学校と高等学校での教育を指します。高等学校という名称から高等教育なのではないかと考えてしまいがちですが、高等学校は中等教育にあたります。中等教育は多くの国で、前半は義務教育ですが、後半は義務教育とされていないところが多く、日本でいうところの中学校を前期中等教育、高等学校を後期中等教育と呼びます。

　高等教育とは、日本では大学（短期大学や大学院も含む）と専門学校（正式には専修学校）を含みます。

（2）多様な就学前教育

　現在、日本での就学前教育は、幼稚園または認定こども園ということになります。保育所は教育機関ではなく福祉施設という位置づけになっています。このように2つの制度が存在するのは日本だけではありません。欧米諸国でもアジアでも、フランスのようにほとんどが幼稚園に通うケースもありますが、さまざまな制度が互いを補いながら教育をしているのが現状です。名称も幼稚園や保育所の他に、保育学校や小学校に付設された保育学級などがあります。

（3）義務教育

　義務教育の開始は5歳もしくは6歳から始まるものが多く、そこから9年という国が多いですが、イギリスのように11年（5-16歳）、フランス10年（6-16歳）という国もあります。フィンランドは9年（7-16歳）ですが、就学前の6歳も義務化していますから実質的に10年といえます。

　またアメリカやドイツは州によって制度が異なるので一概にはいえませんが、アメリカでは10年が多く、ドイツでは9年が多いようです。

（4）学校体系は

　日本の学校体系は、小学校6年、中学校3年、高等学校3年をまとめて6-3-3制といわれますが、諸外国はどうでしょうか。

　これもアメリカやドイツは州によって異なります。ドイツでは初等教育の基礎学校が4年となっているので、その点は全国共通ですが、中等教育は州によって、そして学校によって違いがあります。

そもそもドイツでは複線型といわれる学校体系をとっており，将来大学へ進学を希望する人が進む学校と，職人などを希望する人が進む学校とがあります。もちろん日本のように，どちらにも進める総合制の学校もありますが，それが多数というわけではありません。

(5) 進級と修了

日本では当然のように4月になると毎年，学級の全員が進級しますが，フランスではそうではありません。ドイツでも3年生から進級の判定が行われますし，フィンランドでも成績次第で原級留置きとなります。さらにフランスでは中等教育になると，教員，生徒，保護者の代表で構成される学校評議会が進級の可否を検討します。

また，よほどのことがない限り皆で卒業できるのが日本ですが，イギリス，フランス，ドイツでは中等教育を学び終えたことを証明する国の指定する資格をとれるかどうかが重要なので，そもそも卒業という考え方はありません。日本も新しい大学入試センター試験の導入が決まっていますが，西欧諸国の制度が念頭に置かれているのです。

ちなみに，みなさんご存知のとおり4月-3月というスクールカレンダーは珍しく，お隣の中国でも9月はじまりです。ただし韓国は3月はじまりですので，日本の暦と近いといえるでしょう。

2．諸外国の教員制度

(1) 教員養成・免許制度

現在，日本では教員になるために2つのステップが必要です。1つ目は教員免許をとること。2つ目はその教員免許をもって（もしくは取れる見込みで），採用選考試験を受けて合格すること。この2つのステップを経て教員になれるのです。教員免許がないとそもそも教員採用選考試験は受けられませんし，教員免許があっても採用選考試験に合格しないと教員にはなれません。

このことは世界共通のように思われますが，必ずしもそうではありません。

フランスのように，教員免許制度がなく，いきなり採用選考試験という国もあります。

またドイツのように教職課程を修得するのに，資格試験を第一次，第二次と二度行うところもあります。日本では教員免許をとるための試験はなく，大学などの教職課程を修了することで免許取得が可能になっていますので，ドイツで教員免許をとることがどれほど大変であるか，容易に推察することができるでしょう。ただし日本でも，ここ数年，教員免許を国家資格にすべきだ，また教員採用選考試験を国がつくるべきだという意見も出ていますので，制度の変更には敏感になっておく必要があります。

日本では一時期，教職課程を大学院2年の修士課程に引き上げるという話が出ました。その時に，諸外国では教職課程は大学院レベルであるといわれていましたが，実はあまり大学院レベルというのは多くありません。フィンランドでは教員養成課程が5年ですし，ドイツやイギリスでも3～5年程度ですから，日本でいえば大学院1年もしくは専攻科のようなものになります。

ただし教育実習の期間は，日本が4週間なのに対して，アメリカで12週間以上，イギリス32週間以上，ドイツ14週間，フィンランドでは約半年となっています。これらは州などによって大きく異なりますが，いずれも日本よりもはるかに多い時間を割いています。

（2）任用・職務・待遇

日本では，公立学校の教員は県教育委員会が採用し，身分は地方公務員となっています（ただし，政令市では市教育委員会が採用します）。多くの国が地方公務員としての教員を扱っていますが，韓国やフランスでは教員の身分は国家公務員となっています。

興味深いのは，日本では年に一度の採用選考試験が行われるのに対して，イギリスやスウェーデン，フィンランドなどでは各学校に欠員が出たときに，公募をして採用を行うところです。したがって教員公募は年中行われています。

教員の待遇は一般の公務員よりやや高めというのが国際的にもいえます［→第1章3-(1)］。日本では「学校教育の水準の維持向上のための義務教育諸学校の教育職員の人材確保に関する特別措置法（教員人材確保法）」などによっ

て，教員の給与は他の公務員より高くなるように設定されています。ただし，退職時に退職金がもらえ，しかも年金もついているのは日本ぐらいです。

ワーク10

　自分の希望する校種が他国ではどのような名称で呼ばれているのか確認してみましょう。文部科学省のWebサイトや各国大使館のWebサイトから確認することができます。

第 III 部
教師の養成・研修と進路選択

　第11〜15章は，教職課程を経て教師として採用され，研修や現場での実践を通して学び続ける過程を扱います。具体的には，教育実習や採用，現職研修，進路選択を中心に，教師のキャリア形成を見ていきます。

第11章

教師の養成：教育実習を中心に

1．教職課程における教育実習・インターンシップ

(1) 教育実習の意義

　教職課程の学びにおいて教育実習は登竜門に値します。その助走段階として，2019(平成31)年度以降の入学生より，各大学の判断によりますが，教育実習の法定単位に「学校インターンシップ（学校体験活動）」を組み込むことが可能となります。国の教職課程コアカリキュラム［→参考資料2］で，学校インターンシップを含めた教育実習の全体目標は，次のとおり示されています。

> 　教育実習は，観察，参加，実習という方法で教育実践に関わることを通して，教育者としての愛情と使命感を深め，将来教員になるうえでの能力や適性を考えるとともに課題を自覚する機会である。一定の実践的指導力を有する指導教員のもとで体験を積み，学校教育の実際を体験的・総合的に理解し，教育実践ならびに教育実践研究の基礎的な能力と態度を身に付ける。

　このように教育実習は，教師としての使命や課題の最終確認の場です。研究授業や全日経営だけが目的でなく，先輩となる教師の授業や学級運営の観察を含め，学校教育全体の理解に努めます。ただし学校は，実習を引き受ける義務はない上に，子どもが成長を続ける場であることは自覚すべきです。就職活動や卒論制作と重なる時期であっても，教育実習はすべてに優先されます。

（2） 教育実習を見通す

　教育実習は，教職課程の最終段階として，主に最終学年で４週間行われます（時間調整をして３週間の実習や，分割実習を行う大学もあります）。

　取得見込みの免許の校種・教科にもとづき，例えば幼稚園教諭の免許状の取得予定者は幼稚園（幼保連携型認定こども園を含む）で実習を行います。事前・事後の指導の１単位を含め５単位分に相当し，そのうち２単位は，2019（平成31）年度より各大学の判断で，学校インターンシップとすることが可能となります。

　特別支援学校教諭の免許取得には，上記の校種に加え，特別支援学校での「心身に障害のある幼児，児童又は生徒についての教育実習」（３単位）が必要です。

　また養護教諭や栄養教諭の課程では，それぞれ独自に実習を行います。

　教育実習は，事前準備が肝心です。2015（平成27）年度の普通免許状の授与件数は小学校で２万８千件，幼稚園では５万１千を超えており，各学校の総数の数倍に上ります。実習校の子どもの不利益とならないよう，ほとんどの大学は，実習希望者に一定の成績や学力の条件を課しています。

　母校での実習は，客観的な評価や大学の指導を徹底させる理由から減少傾向にありますが，母校や地元での採用を望む者には貴重な機会です。また多くの私立校では，建学の精神を体得している卒業生の実習を歓迎しています。

　実習後の学びも重要です。2010（平成22）年度の入学生より，教職課程の学びの集大成として，必修科目「教職実践演習」が制度化されました。

（3） 介護等体験：特別支援教育・福祉の領域の学び

　小・中学校の教員免許状を取得する者は，教育実習とは別に，特別支援学校または社会福祉施設等で，障害者や高齢者に関わる介護や介助，交流等の体験を７日間以上行います。1997（平成９）年に制定（翌年度施行）された「小学校及び中学校の教諭の普通免許状授与に係る教育職員免許法の特例等に関する法律」で定められ，義務教育に従事する教師が，個人の尊厳と社会連帯の理念への認識を深め，教員としての資質を向上させることを目的とします。

2. 教育実習に向けて

（1）教育実習を依頼する

　教育実習は，教職課程を履修した時から始まるといえます。教育実習に行く，つまり実習校の教育活動に参加させていただくため，相応の学力と教師の素養が必要です。大学の授業やゼミ，ボランティア活動等で，実習予定の学校段階の子どもの発達段階を理解し，子どもに関われる力をつけると良いでしょう。実習校への依頼や挨拶は，実習の始まりです。身だしなみを整え（一般的にスーツを着用します），丁寧な挨拶や言葉づかいを心がけましょう。

　遅くとも実習の前年度までに，実習を依頼する必要があります。ほとんどの公立校へは，大学が一括して該当する教育委員会に依頼します。私立校も，大学の附属校や近隣の場合は大学を通した依頼が一般的です。説明会には必ず出席し，確実に事前調べや手続きを行いましょう。一括依頼であっても，実習校への挨拶やオリエンテーション等，実習園や指導教員との直接の関わりが求められます。地域によっては，教育委員会が事前に面接を行い実習校を調整したり，実習予定校や同一地域でのボランティア活動を課したりしています。

　私立の母校や特定の地域での就職を希望する者には，実習の依頼が就職活動を見据える貴重な機会となります。学校の迷惑にならないよう，事前連絡や訪問は，大学の教職員と相談しながら行いましょう。

　子どもに関わる実習ですので，健康管理も求められます。麻疹（はしか）の抗体検査・予防接種や所定の衛生検査が義務づけられる学校もあります。何らかの障害や既往症，アレルギー等がある場合は，医療機関を通して必要な書類を作成し，実習先に早めに相談すると良いでしょう。

（2）さまざまな準備

　教育実習の準備は，教職課程での学びに重なります。授業の他，個人でも英語等の教科内容や指導法の学び，教材作成に取り組むこととなります。実習校のオリエンテーションで，指導案作成やピアノ演奏を課される場合もありま

す。また教育実習と教員採用選考試験，卒業論文・卒業制作は，すべてが最終学年に行われます。採用選考試験の試験対策は，早いうちに行いましょう。

　教職課程以外の授業も，真摯な取り組みが求められます。学部・学科での学びは，教養や教科の専門性を高め，学ぶ姿勢を培い，学ぶ喜びを知る基礎となります。現実的な問題として，多くの大学では成績（GPA）が一定基準に達しないと教育実習だけでなく，教職課程そのものの履修ができなくなります。実習や採用の際に，成績証明書や大学教員の推薦書の提出が求められる場合もあります。

　実習日誌作成のために的確に素早く丁寧な字で文章を書く力も求められます。授業のレポート作成やノートの取り方を工夫してみましょう。

　言葉づかいや生活習慣，携行品等も整えておきましょう。筆記用具一つとっても，小・中学校ではA4サイズの書類が記入できるクリップボード，幼稚園ではポケットに収まるメモ帳等，実習先により指示は異なります。子どもとの関わりを優先し，メモを取ることを認めない実習校もあります。また給食のない学校では，実習先に弁当を持参します。栄養バランスがとれ，彩りも良い弁当箱は，子どもの前でも自信をもって蓋を開けられます。スーツは黒が基本ですが，濃紺やグレーの柔らかい色の2着目があると，採用選考試験も含め役立ちます。シャツも白無地の他，薄い色や模様の入った生地は透けにくく便利です。カジュアルな服装で良い場合や，ジャージ等の運動着が必要な場合もあります。金額もかかるため，ベテラン教師や大学の先輩の助言や着こなしを参考に，計画的に揃えましょう。

3．教育実習の実際

（1）教育実習の流れ

　実習校や大学での事前準備を経て，教育実習が始まります。1週目は主に学級や授業の観察（参観）が課題となります。明るい笑顔で，積極的に子どもに関わる姿勢は必要です。子どもの名前や特性は早めに把握できると良いでしょう。校務分掌の体制や，設備や備品を使う際のルールも把握しましょう。

1週目後半から，学級経営への参加も課されるようになります。教師の補助としての役割が求められます。小・中学校では授業実習，幼稚園の場合は朝や帰りの会等での読み聞かせ等の実習（部分実習）も始まります。いずれも，早い段階で担任教師の助言・指導のもとに指導案の作成，修正を重ねます。

運動会や遠足等の学校行事は，子どもと親しめる重要な機会です。担当する学級以外の子どもの様子も観察し，積極的に関わりましょう。保護者やボランティアとの関わりも実習指導担当教諭の確認をとり行いましょう。

最終週は，校長・園長をはじめ多くの教師と大学教員が見守る中で，小・中学校等では研究授業，幼稚園では責任実習や全日経営等（部分実習の場合もあります）を行います。多くの場合，終了後に反省会も行われ，多くの助言や指導を受け，実習全体を含めた振り返りの機会となります。

（2）実習日誌・指導計画の作成

実習日誌や授業・保育の指導計画（指導案）は，教育実習の公的な記録です。一般に小・中学校等では，指導案はワープロで作成しますが，日誌は手書きです。多くの幼稚園では両者とも手書きです。いずれも訂正する場合は修正液等を使わず（正式には訂正部分に線を引き，修正印を押して書き直します），丁寧で読みやすい字で書き，日誌は毎日，実習指導担当教諭に提出します。

日誌の形式は，大学や実習校により異なります。一般に学校園の概要や年間指導計画，実習オリエンテーションの内容を事前に記載する頁から始まり，毎日1，2頁に収まるよう，あるいは用紙等を継ぎ足して記載します。これも一般に，子どもの様子の他，教師の教育活動，実習生の活動と気づきの時系列の記録に加え，エピソード等を通して一日を振り返る文章を記載します。授業参観・観察実習も所定の用紙があり，参観の着眼点や観察事項，所感等を文章で記載します。指導担当教諭の助言がいただける欄もあります。実習終了後はまとめの文章を記載して，お礼状も添えて提出します。

研究授業や責任実習等の指導案は，事前の指導助言を受けておそらく何度も書き直すこととなりますが，可能な限り最善の教育活動ができるよう，粘り強く取り組む姿勢が必要です。これも大学や実習校により形式が異なりますが，実施する日程や対象，実習指導担当教諭名等の基本事項を書いた後，年間指導

計画の中で該当する時間がどこに位置づき，ねらいや評価の観点は何か，学級や子どもの様子はどうかをまとめます。そして，導入から展開していく教育活動の計画を時系列の表にして書きます。板書計画や，環境構成も図示すると良いでしょう。

（3）教育実習の意義

「楽しかった！」と言える実習，また採用選考試験を受ける意欲が増した実習は，充実していたのでしょう。一方で，辛い体験となった場合もあるでしょう。後者の場合は，教師としての適性のなさを自認したか，あるいは準備不足や軽率な言動が招いた出来事等で教師としての課題を痛感したということなのか，見極めが必要です。適性がないまま教育実習を経て，さらに教職に就くことは，本人だけでなく，子どもにとっても不利益です。実習の前年度までにボランティア活動やインターンシップに参加し，学校教育の中での自らの適性を確かめておくと良いでしょう。適性の判断は，実習校の教師や大学教員に助言を仰ぐことも必要です。結果的に教師に向かないと思っても人間失格という訳ではなく，他のアプローチで教育に関わる仕事は無数にあります［→第14, 15章］。

充実した実習だったと思えても，実習校の教師と，大学の教職員のお膳立てがあってこその実習であることを差し引く必要があります。実習校の教師が何年もの実践で培った知識・技術を，数週間の実習で完璧に体得することは不可能です。教育実習が成り立つのは，いそがしい中で次世代の優れた教師を育てようとする学校や園の教師と，若い先生が大好きな子どものおかげです。その心意気と期待に誠意をもって応えることが，教師の卵の課題です。

ワーク11

任意の校種の教育実習について，先輩の体験談を聞き，実習日誌や教材も見せてもらうなどして，今から準備すべきことをまとめましょう。

第12章 教師の採用

1．教師の採用：公立校を中心に

（1）教師として採用されるということ

　教職課程，あるいは教員資格認定を経て教員免許状を得ることと，実際に学校の教師として採用されることは，決してイコールではありません。
　教員免許状は，その人のもつ教師としての基本的な資質，いわば「教師として務めて構わない」ということが認められた証です。一方で教師の採用は，その人が，特定の学校や地域の教師として相応しいかが問われます。さらにいえば，採用する側のベテラン教師や教育委員会が求める教育観や教師像に重なる人物か，教師として一緒に働きたい人物か，という観点で評価されます。大学の成績がS評価（優等）でも，不採用となることは十分にありえます。
　もっとも，教師にとって採用はゴールではありません。合格し，内定を得ても，単に教師生活のスタートラインに立ったに過ぎません。そもそも教職の特性上，採用の過程そのものが教師養成の機会となっています。教職課程の学びに加え，子どもに関わるボランティア活動や音楽，スポーツ等の課外活動等の取り組みは，教師としての素地を培います。採用選考試験では，それらの活動実績が高く評価されます。公立校では採用選考試験の結果が不可でも，臨時的任用職員等として雇用される仕組みもあります。つまり本気で教職を目指した時点で，教師としてのキャリアが形成される仕組みになっています。

（2）公立校（小学校，特別支援学校等）の採用選考試験のあらまし

　幼児教育と高等教育を除く公立校の教師は，都道府県と政令市の教育委員会

が採用選考試験を行い任用します。教師としての資質に加え，その自治体の公務員となるに相応しいかが問われます。内容・方法は概ね次のとおりです。

a．受験資格

　受験する校種・教科に相当する教員免許状をもつ者，または取得見込みの者は（大学卒も条件です），欠格事項［→第2章3］や，自治体ごとに定める年齢の上限等の条件に触れない限り，誰もが採用選考試験に挑戦できます。

　ただし，中等教育学校を設置する自治体では，中・高等学校の採用で中学校と高等学校の免許の併有が求められることがあります。外国籍の者は，公務員職の規定から，任用期限のない常勤講師として正規に採用されます。特別支援学校は，現在のところ，特別支援学校教諭の免許状をもつ者に受験資格を限定する傾向が進んでいます。また，特別支援教育を推進する観点から，障害者を対象とした特別選考を行う自治体もあります。

b．受験のプロセス

　受験の申込みは4，5月頃に始まり，7月頃に一次試験，8月以降に二次試験が行われます。三次試験を行う自治体もあり，希望する自治体の採用方法に関する情報収集は，前年度の2月頃より開催される教育委員会の説明会やWebサイト，また大学の教職センター等で早めかつ確実に行うことを薦めます。

　採用選考試験は関東，関西等の地区ごとにほぼ同じ日程となっており，例えば同じ関東地区にある東京都と横浜市は併願できません。一方で，日程が異なることを利用し，複数の自治体で受験することも可能です。

　一般に一次試験は一般教養や教職教養等の筆記試験，二次試験で論文，面接，集団討論，場面指導，模擬授業等が行われます。実技（小学校ではピアノ演奏やマット運動等）や英語試験，電子黒板を使う模擬授業を課す自治体もあります。面接は重視され，保護者代表が面接官に加わる自治体もあります。大学の教職センターの対策講座や，教育委員会が開設する教師塾等に参加することを薦めます。ともに教師を目指す仲間も増え，日々の学びが，教師としての成長につながっていることが実感できるはずです。

c．特別選考

　近年は，「教師塾」等の名称の教育委員会の行う教員育成事業の修了者や，中学校の外国語（英語）や理科等の免許状や司書教諭の資格の保有者等の積極

的な採用が増えました。また，多くの自治体で年齢制限の緩和や，社会人経験者の特別選考が行われます。臨時的任用職員としての教職経験者の他，企業や官公庁の勤務経験者，青年海外協力隊等の国際貢献活動経験者，スポーツや芸術で優れた実績を収めた者の例が見られます。

d．試験後から次年度の採用まで

　最終的な合格発表は概ね10月以降です。試験合格者は，採用候補者の名簿に1年間登載され，学校や教育委員会の面談により正式な採用と赴任先が決まります。多くの自治体で採用前講座の受講が課せられます。なお，大学院への進学や留学のために名簿登載期間を延長できる自治体もあります。

　一方で不合格となった者や，家庭の事情等で正規職が困難な者には，臨時的任用職員（臨任）や時間講師等の候補として名簿に登載する制度があります。臨任は地方公務員法（第22条②）で定められ，正規教員が産休・育休や研修等で一時的に欠けた場合に補充される常勤講師です。勤務時間や給与等は正規教員とほぼ同じで，学級担任を務めたり研修が認められたりすることもあり，一定の経験年数があれば採用選考試験の一次試験免除等の対象となります。ただし単年度の雇用で，名簿に登録しても採用されない場合もあります。

　採用選考試験の得点や総合評価は請求期間に申請すれば開示されますので，特に不合格となった者は確認し，再挑戦に備えると良いでしょう。臨任を希望する場合，一般に採用選考試験の成績の上位から採用される傾向があります。

（2）公立幼稚園の教師になるために

　全国の幼稚園のうち公立は3割程度で，例えば神奈川県内の政令市の横浜市や川崎市に公立園はありません。小・中学校等と同様に，希望すれば日本全国で採用選考試験が受けられますので，早めの情報収集を図りましょう。

a．採用選考試験の内容・方法

　各市町村が行う公立園の採用選考試験は，日程や試験内容等はさまざまです。受験の申込みは，早い自治体では4月から，遅いところで11月等の場合もあります。勤務先が幼稚園か保育園，認定こども園のいずれかとなる自治体，また欠員がある場合のみ採用選考試験を行う自治体もあります。いずれも地方公務員の採用であり，一般教養は一般の公務員試験と同等のレベルが求められ，

面接は教育委員会の指導主事等の教育公務員だけでなく，一般行政の職員も面接官に加わります。

例えば，東京都特別区（東京23区）は，公立園がある区で共同の選考試験が行われます。2017(平成29)年度の試験は，次のような内容でした。

第一次	教職・専門教養……択一式。幼稚園教育要領，教育法規等 小論文　　　　……事例式。1,200字程度
第二次	実技試験　　　……模擬保育とキーボード演奏（２曲）・歌唱 面接試験　　　……個人面接

b．保育士・保育教諭

2015(平成27)年度より子ども・子育て支援新制度が導入され，多くの公立幼稚園が認定こども園に移行しています。幼保連携型認定こども園の「保育教諭」と呼ばれる職員は，幼稚園の教員免許状と保育士資格の併有が必要なため，これからの公立園の希望者には保育士資格の取得を強く薦めます。

資格を得るには，保育士養成施設として国に指定された大学で所定の単位を修得する他，全国保育士養成協議会が行う保育士試験に合格する方法があります。大学で62単位以上取得（短大卒程度）等の受験資格と，筆記試験８科目及び実技試験（音楽，造形，言語のうち２種）の全科目合格が必要ですが，合格科目は翌々年度まで持ち越せる上，幼稚園教諭免許状所有者は一部の科目免除があります。試験は原則的に年１回ですが，保育士不足を背景に，2015(平成27)年度より一部の自治体で地域限定保育士試験が開始され，その翌年度より，多くの自治体で通常の保育士試験が年２回，実施されています。

2．私立学校の教師の採用

（1）私立幼稚園の教師になるために

全国の幼稚園の６割以上は私立です。多くの園では個別に採用を行っており，ピークは秋ですが，５，６月頃から見学や説明会が始まる園もあり，ボランティア活動や教育実習を行った園で素養を認められて内定を得る者もいます。

幼稚園就職を考える学生の場合，大学の教職センターで求人票を確認したり，私立幼稚園の協会に登録したりすることが確実です。都道府県や市町村単位で組織される幼稚園協会は，多くの場合，採用希望者の名簿登録を行っています。大学既卒者も含まれるため，名簿登録や説明会等は年間を通じて行われます。大学と連携して説明会や登録を行う協会や，筆記試験や適性検査等を行う協会もあります。キリスト教等の宗派の団体や，シュタイナー教育の団体等の加盟園では，教員免許状の他に独自の資格が求められることがあります。

社会福祉法人が設置する幼稚園は，同じ法人が保育所も運営するため，一般に保育士資格の併有が求められます。法人全体で採用選考試験が行われる場合，高齢者施策等を含めた地域福祉のあり方を問う作文が課されることもあります。

一般に試験は，筆記試験や面接等が行われます。実技としてピアノ演奏や工作，ダンスが課される園もあります。高度な技術というより，子どもと一緒にさまざまな表現を楽しめる素地や，子どもを引きつける人間性があるかが問われる試験といえます。面接も，保育の知識を問う質問だけでなく，時事問題や特技も広く聞かれ，言葉づかい等も含めて総合的に評価がなされます。

（2）私立の小・中学校等での採用

幼稚園に比べ小・中学校は私立校が少なく，特に私立小の割合は約1％です。それも首都圏に集中する傾向があり，情報収集は重要です。母校等での就職を考える者は，ボランティアや教育実習を行う際の計画性が必要です。

私立中は，中高一貫教育を行う学校法人が多く，高等学校教諭の免許状の併有を薦めます。私立高校は，高等学校全体の4割近くあり，特に首都圏は私立校の割合が高まります。各校が独自に行う採用の他，都道府県単位で組織された私立学校の団体への名簿登録が行われています。例えば約250校が加盟する東京私立中学高等学校協会では大学3年生から受検できる適性検査（専門教科と教職教養）を経て名簿に登録され，各校の選考により採用が決まります。

私立校は，建学の精神にもとづく教育活動が行われており，学校の特性を理解しておく必要があります。また，英語教育や大学進学に重点が置かれる学校の場合，教科によっては大学院修了レベルの学力が求められます。

（3）日本人学校・海外につながりのある学校で働くために

　日本の教員免許状があれば，海外に在留する日本人の子女が通う日本人学校や補習授業校に勤務できます。文部科学省は，国公私立の小・中学校で3年以上の優れた教職経験をもつ教諭が日本人学校等に2年間務める教員派遣を行っています。一般の教諭の他，校長等の管理職の派遣制度もあります。

　また，日本人学校を設置・運営する理事会に直接雇用される教師もいます。基本的に私立校の採用と同じですが，海外子女教育振興財団（JOES）等の団体も仲介しており，適性検査や面接等で選考されます。アジアや中南米等で貴重な経験ができる一方，赴任先の国を指定できない，任期が数年といった留意点があります。帰国後の就職先は保証されませんが，日本での教員採用選考試験で，多くの自治体で特別選考枠（試験科目一部免除）が適用されます。

　国際協力機構（JICA）も，現職教員特別参加制度を設けています。教育委員会や学校法人を通して国公私立の優れた現職教員が約2年間，発展途上国での青年海外協力隊，または中南米の日系社会青年ボランティアに参加できる制度です。小学校教育や理数系教育，障害児支援，学校保健，日系人への日本文化指導の要請が比較的多く，幼稚園教諭の派遣も行われています。

　日本に在住する外国籍等の子どもが通う外国人学校には，中華学校，ブラジル人学校等があります。英語を第一言語とする国際学校（インターナショナル・スクール）の多くは，幼児が対象のプリスクールも併設しています。

　これらの多くは学校教育法上の学校（一条校）ではないため，教育職員免許法で定める教育実習を行うことができません。そのため，教師採用を希望する者は，積極的に情報収集を図ると良いでしょう。一般に帰国子女の経験や外国籍は必要ありませんが，少なくとも，学校や加盟組織が使用する言語や，民族や宗教等の文化的背景には精通しておく必要があります。

⎛ワーク12⎞

　教育委員会や私立校団体のWebサイトで教員の募集要項を調べましょう。また，採用選考試験の筆記試験や面接等の過去問に挑戦してみましょう。

第13章

教師の研修とライフコース

1. 教師と研修：法定研修を中心に

（1）研修の必要性

晴れて教職に就いた後も，教師には学び続ける責務があります。

> 教育基本法（第9条）（前略）学校の教員は，自己の崇高な使命を深く自覚し，絶えず研究と修養に励み，その職責の遂行に努めなければならない。

このように教師は職務として研究と修養，つまり研修に励みます。そしてその機会が保障されます。研修には，法令で定められた研修と，教師が自己課題にもとづき自主的に行う研修があります。前者の研修は，公立校の教師の場合は任命権者である都道府県・政令市や，市町村の教育委員会が実施します。

（2）法定研修

a．初任者研修・新規採用教員研修

初任者研修は，教育公務員特例法（第23条）にもとづき，採用後一年（条件附採用期間）の，いわば見習の身分の教師（初任者）に対し，都道府県・政令市（任命権者）及び市町村の教育委員会が行う現職研修です。当該教師（初任者）の所属する学校の教諭が指導教員として命じられ，初任者に指導・助言を行います。一般に校内と校外の両方で行われ，前者では教育委員会の指導主事も参観する研究授業が行われます。校外研修は教育事務所等で行われ，宿泊研修もあり，同期と切磋琢磨できる機会となります。臨時的任用職員は初任者研修の対象ではありませんが，相当する研修が多くの自治体で行われています。

公立の幼稚園や幼保連携型等の認定こども園は，市町村が研修計画を策定し，都道府県が新規採用教員の研修を行う特例があります。これも園内と園外があり，私立園では都道府県等の私立幼稚園団体が相当する研修を実施します。

b．**中堅教諭等資質向上研修**

かつての10年経験者研修は，免許状更新講習［→1-(3)］の導入を背景に，2017（平成29）年度より中堅教諭等資質向上研修として再編されました。学校運営において中核的な役割を果たすことが期待される中堅の教師を対象に，都道府県・政令市（任命権者）や市町村の教育委員会が，学校内外での研修を行います。

公立の幼稚園と認定こども園等の教師には，初任者研修と同様に特例として都道府県が研修を行い，私立園団体等も相当する研修を行います。主任等の中間管理職を務める教師は少なくなく，幼小接続の「アプローチカリキュラム」や，2018（平成30）年度より実施される幼稚園教育要領等も大きなテーマです。

（3）免許状の上進・教員免許状更新講習

二種免許状をもつ現職教員には，上位の一種免許状に更新（上進）する努力義務があります。一定以上の在職年数と教育委員会が開講する所定の科目の単位取得が必要ですが，勤務状況にもとづき比較的少ない単位数で，二種から一種だけでなく，一種から専修への上進，他教科や他校種の免許状の取得等も可能です。

また，教員免許状の更新講習は研修とは異なりますが，教師の専門性を向上させ，視野を広げる機会を保障する機会となっています。

2009（平成21）年度以降は教員免許状の有効期間が10年となり，教師はほぼ10年ごとに，国に講習開設を認められた大学等が行う免許状更新講習を30時間以上，受講します。受講費用は自己負担です。私立校の教師を対象に，日本私学教育研究所や全日本私立幼稚園幼児教育研究機構が全国で開設する講習もあります。現行の講習は，必修（6時間以上）と校種・経験に応じた選択必修（6時間以上），任意の選択（18時間以上）の3つの領域で構成されます。管理職は受講を免除されますが，ほとんどの現職教員と，免許状が失効しながら教職に就く予定の者は対象です。認定こども園の職員は，勤務先が幼保連携型か幼

稚園型であれば対象です。なお免許状を上進した者は、修了確認期限が上位の免許状が授与された日から換算して最大10年に延長されます。

　免許状の更新は、勤務校が所在する（個人申請は自宅住所のある）都道府県の教育委員会に申請しますが、他県や母校等で相当する講習を受講できます。選択領域では、社会教育施設での自然体験や鑑賞教育等も開講されています。

2．教育委員会等の行う研修

(1) 現職教員の研修

　法定研修の他、教育委員会ではさまざまな校種や教科、職階に対応した研修が行われます。現代の教育課題をふまえた危機管理対応や障害児理解、食育等のテーマ別研修も見られます。近年は学習指導要領の改訂をふまえ、英語教育やプログラミング学習、道徳教育等の研修も盛んです。1カ月以上の長期研修もある民間企業や社会福祉施設等での社会体験研修の他、大学院等派遣研修［→3-(3)］、管理職、事務職員を対象とした学校経営研修等も行われています。

　国（独立行政法人）の教員研修センター（茨城県つくば市）は2017（平成29）年度より教職員支援機構（NITS）と改称され、教育委員会や大学等と連携し、研修プログラムの開発や指導者養成等の機能を強化させています。

(2) 私立学校団体等の行う研修

　幼稚園は私立が多いため、都道府県や市町村単位で組織される私立園の団体（近年は認定こども園と一緒の組織が増えています）の多くは、該当する地域の教育委員会に類似した役割を果たしています。研修も、教育委員会と共同で新規採用教員研修や、独自の研修を行います。家族経営の法人もあり、いわば家業を次ぐ若手経営者を対象とした講座もあります。

　主に都道府県単位で私立の小学校や中・高等学校等の団体もあり、独自の研修の他、私学教員の美術や書道等の活動発表を行う団体もあります。

3．自主研修・自己研鑽

（1）教科・校種等の専門の研究会

　多くの教師は，自己課題にもとづき研究会等に参加しています。教科や校種別の他，教育相談（カウンセリング）やキャリア教育等の研究会もあります。日本教師教育学会や日本保育学会等で研究発表を行う教師も増えています。

　例えば，神奈川県横浜市の教育委員会は2005（平成17）年に授業改善支援センター（ハマアップ）を開設し，市内4カ所で指導主事による授業づくり相談等を行っています。横浜市内にある国立・私立校の教師や保育士，教職員採用希望者も相談や講座に参加できます。横浜美術館と連携し，所蔵品を用いた授業づくりを研究・実践する美術科教師対象の講座もあります。

（2）学校教育関係以外で行われる自己研修

　学校教育と直接の関わりのない団体による研究会等に参加する教師もいます。例えば，日本博物館協会と国立科学博物館は共同で「教員のための博物館の日」を設け，教師や保育士対象の無料見学会や講座を行っています。2017（平成29）年は全国32カ所で開催されました。南北格差や人権問題等に関する教育活動を推進する開発教育協会は，「世界がもし100人の村だったら」「貿易ゲーム」等の教材開発を行い，教材を授業で活用するための講座も開催しています。

　子どもの指導でスキルを生かすため，資格を取得する教員もいます。例えば，手話検定試験（全国手話研修センター）2級は「社会生活全般を話題に平易な会話ができる程度」が目標で，目安は学習期間が2年程度，単語は約1,500程度です。また，進路指導に関心をもつ多くの教師が登録している日本キャリア教育学会では，キャリア・カウンセラーの資格制度を設けています。

（3）進学・教職大学院

　教師の中には，現職のまま大学院への進学や海外留学を行う者もいます。2003（平成15）年度に創設された専門職大学院の一種である教職大学院は，大

学の教育学部等の学部教育を基礎に教育学研究や研究者養成を行う大学院とは異なり，学校で指導的立場に就く，スクールリーダーと呼ばれるような教師の養成を目的とします。2年の在学期間で取得する45単位のうち10単位は学校で実習を行う，専任教員のうち4割以上が実務家教員と呼ばれる教職経験者である等，実践的なカリキュラムや組織体制を特徴としています。

教育委員会が十分な実務経験をもつ現職教員を派遣する他，ストレートマスターと呼ばれる新卒者も進学してともに学び，専修免許状への上進も可能です。大学院によりますが1年の短期の課程もあり，一般の大学院の修士論文に準じた論文等を作成し，ほとんどの修了者が学校現場で活躍しています。

その他，音楽や英語等の教科や特別支援教育等を専門的に学ぶため，国内外の大学院に進学する教師もいます。修士の学位が取得できる上，臨床心理士の第一種指定大学院では受験資格が得られる等のメリットは大きいものです。

4．教師のライフコース

（1）指導的立場となる

学校管理職，つまり校長や教頭等に就くためには管理職選考を受験します。都道府県・政令市により受験資格は異なり，一般に校長となるためには教頭相当職の経験が，教頭となるには主幹教諭や指導主事等の経験や当該都道府県での一定年数以上の勤務経験が必要です。近年は年齢制限も多様化し，校長試験を35歳以上で受験可能とした自治体もあります。

教育活動や教科研究等に優れた実績をもつ教師には，教育委員会の事務局に置かれる指導主事に就く者がいます。文部科学省の初等中等教育局に置かれる教科調査官や視学官に任命される者もいます。他にも，教科書調査官や，国立教育政策研究所の調査官等として出向し，国内外の学校教育に関する調査研究やさまざまな事業に取り組む教師がいます。

指導主事や調査官等の職に就いた，いわばエリートコースの教師は，数年で現場に戻り，校長等の学校管理職に昇任したり，引き続き教育委員会の事務局で要職を務めたりする例が見られます。近年は，大学の教職員に転職する例も

増えました。

（2）地域の教育活動全体に貢献する

　一般に公立校の教師は60歳で定年退職を迎えます。いわゆる団塊世代の大量退職により指導力のある教師は全国で不足しており，多くの退職教員が嘱託職員として児童生徒の学習支援や，若手教師の指導助言にあたっています。退職校長の場合，教育長や教育関連施設長等の教育行政の要職を務めたりします。公立幼稚園の園長経験者では，子育て支援センターや児童館の管理職となったり，私立園の園長となったりする例もあります。

　もとより管理職にならず，教室で子どもに関わりたいと考える教師は少なくなく，現職も退職者も含め，学校以外にもさまざまな地域の教育環境づくりに貢献しています。例えばスポーツ少年団や演劇教室の運営に協力したり，子どもの補助学習や不登校の子どもの支援に関わったりします。近年は社会福祉士の資格を取得してスクールソーシャルワーカー（SSW）となったり，児童福祉事業や教育・福祉関係のNPOの理事となったりする退職教師も増えています。

　かつては教師が，地域のスポーツや文化活動を盛り上げたり，ボランティア活動に協力したりすることは多く見られました。近年は，学校運営の厳格化や教師の多忙化等を背景に，現職教員が地域の活動に関わることは難しくなりました。しかしさまざまな活動を通して地域に貢献することは，子どもの教育環境に加え，教師としての専門性や人間性を豊かにするといえるでしょう。

ワーク13

　長い教員生活をどのように過ごすのか，横浜市教育委員会の「教員のキャリアステージにおける人材育成指標」［→参考資料4］も参考に，おおよその年齢や職階ごとに職務内容や研修等を確認して考えましょう。

第14章
学校教育を支えるさまざまな人材

1．チームとしての学校を支える専門職

（1）教育に携わるさまざまな人材：教職精神を生かす

　第14章と第15章は，学校内外で子どもに関わる専門職等を見ていきます。

　教師以外にも，さまざまなアプローチで教育や保育に携わる人材が活躍しています。第14章は，校内の教育活動を支える教師以外の人材に注目します。特に近年は「チーム学校」を支える専門職が位置づけられました。第15章は，社会教育や児童福祉等の分野で，地域の教育環境を支える人材を見ていきます。その他にも地域の実践や教育産業，調査研究，行政等の分野で，さまざまな人々が教育活動に貢献しています。教職精神（スピリット）を生かすことのできる職への理解を深め，進路選択の参考としていただきたいと思います。

（2）「チーム学校」を支える専門職

　国は「チームとしての学校」［→第4章2］の指導体制を整えるため，2017(平成29)年に学校教育法施行規則等を改正して学校に関わる専門職を定め，教員以外の職員体制の梃子入れを図りました。まずは，新しく規定された職を見ていきましょう。

a．スクールカウンセラー（SC）

　学校における子どもの心理に関する支援に従事すると定められ，臨床心理の高度な知識・経験をもつ専門職です。多くは地方公務員法で定める非常勤の特別職で，教育委員会の判断により，臨床心理士等の資格（2017年に創設された公認心理師制度の活用も見込まれます）や配置，待遇は異なります。

子どもの深刻な問題行動を背景に，国は2001(平成13)年度よりすべての公立中学校に，2008(平成20)年度よりすべての公立小学校にSCを配置する計画を進めました。教育相談の充実のため，国は現在，生徒指導上の課題を抱える公立中学校等での週5日の相談体制の実施や，公立小学校等での貧困・虐待対策のための重点加配等に必要な経費補助を充実させています。私立校では，学校が所在する都道府県より助成が受けられます。

b．スクールソーシャルワーカー（SSW）

学校における子どもの福祉に関する支援に従事すると定められ，児童福祉の高度な知識・技術を用いて子どもを支えます。児童福祉法や「児童の権利に関する条約」の他，貧困や虐待，いじめ防止等に関わる法制度にもとづき，教師や教育委員会の他，児童相談所や医療機関等と連携して職務にあたります。

SCと同様に，多くは特別職の地方公務員で，2017(平成29)年の学校教育法施行規則改正の前から全国の学校で活躍しています。退職教員が務める例もありますが，子どもの深刻な問題行動や生活環境を背景に，社会福祉士等の資格や経験を求める自治体が増え，都道府県や政令市ではSSWに指導・助言を行うスーパーバイザーの配置等も進んでいます。

c．部活動指導員

学校の教育課程以外，つまり主に部活動で行われるスポーツ，文化，科学等に関する教育活動に係る技術的な指導に従事します。

国際的な機関であるOECD（経済協力開発機構）が行った教員の環境調査（TALIS 2013）では，日本の中学校教師の平均勤務時間（週当たり53.9時間）と，そのうち課外活動の指導に充てる時間（7.7時間）が参加国中で最高でした。部活動指導員は，課外活動の大半を占める部活動を指導する非常勤職員として，いわば教師の多忙化を解消する切り札として期待されています。

法制上，SCとSSWは高等教育機関を除くすべての校種が対象ですが，部活動指導員は中等教育段階の学校に置かれます。例えば実業団のスポーツ選手や，市民オーケストラの楽団員等による技術指導や，大会への引率等が想定されます。部活動が高度化して生徒の負担とならないか，部活動指導員の単独引率はできるか等は，慎重な検討が必要です。

(3) その他の専門職

a．学校の事務職員（学校事務）

　学校の事務職員は，学校教育や地方行政等の法規に精通し，学校運営をつかさどる専門職です。公立校の職員は，都道府県・政令市または市町村の地方公務員として，各自治体の採用試験（区分は学校事務等）を経て採用されます。都道府県で採用されても，勤務先が市町村の学校の場合，身分は市町村の職員となります。学校教育法施行規則にもとづき高等学校や中等教育学校，特別支援学校に必ず置かれますが，他の校種も高度な事務処理が求められるため，積極的に配置されます。私立校では学校法人等の職員として採用されます。

　2017（平成29）年の学校教育法改正（第37条⑭）により，事務職員の職務は，事務に「従事する」から「つかさどる」へと変わりました。また，同法施行規則も改正され，指導的立場としての事務長と事務主任の職務が整理されました。つまり事務職員は，従来どおり学校運営に関する諸事務に精通すると同時に，「チームとしての学校」の運営体制に教師とともに参画し，地域連携を重視したコミュニティ・スクールや地域学校協働活動等の新たな学校運営を進める際に主体的に職責を果たすことが期待されています。

b．司書教諭・学校司書

　「図書室の先生」には，司書教諭と学校司書の2種類があります。図書室，つまり学校図書館の充実を図るため，活躍が期待されています。

　司書教諭は，学校図書館法にもとづき学校図書館に置かれます。読書活動の推進が求められる今日，授業や学級文庫等で使用される書籍の選定・管理や公立図書館との連携，読み聞かせ等の活動は重要です。免許状の一種ではなく，教諭の充当職で，小・中・高等学校または特別支援学校の教員免許状の取得を基礎資格とし，所定の5科目（10単位）の履修が必要です。1997（平成9）年に，12学級以上ある学校の司書教諭の必置が政令で定められましたが，多くは学級担任等が兼務し，職務を十分に行えない課題が指摘されます。

　学校司書は，司書教諭を補佐して学校図書館の職務に従事します。学校図書館法が定める職ですが，司書や教諭等の基礎資格はなく，自治体により採用方法や職務内容等が決められ，名称も「読書アドバイザー」等と多様です。多く

は一年契約の非常勤職員（特別職の地方公務員）です。2016(平成28)年に国は「学校司書モデルカリキュラム」を定めました。司書と司書教諭，そして教職課程の科目が含まれる10科目20単位であり，教職課程を設置する学科に学校司書養成課程を加える大学は増えています。

c．日本語教師（日本語教員）

　日本に在留し，日常生活を営む外国人は増えており，多くの学校や教育委員会で，子どもの日本語能力に応じた指導や，特別な教育課程の編成が促進されています。一般に日本語教師と呼ばれる教員は，大学での日本語教育の専攻や1987(昭和62)年度に始まった日本語教育能力検定試験（文部大臣認定）の合格，また大学や専修学校等が開設する養成講座の修了が要件とされます。学校で授業を担当する場合は，相当する校種の教員免許状も必要です。

　日本語教育の教育課程は，2000(平成12)年に文化庁が取りまとめた5区分で科目が構成されます。2017(平成29)年には法務省が告示した新基準が施行され，日本語教員は学士の学位を有するとともに，日本語教育に関する研修を，教育実習を含む420単位時間以上受講し（通信教育課程は，120単位時間以上は面接），修了した者と定められ，大学等での養成が整備されました。

d．特別支援教育に関わる専門職

　インクルーシブ教育の推進はもとより，2016(平成28)年に施行された「障害を理由とする差別の解消の推進に関する法律（障害者差別解消法）」も背景に，あらゆる学校・学級で特別支援教育の充実が求められています。

　全国の教育委員会では教師の他，特別支援教育支援員の配置を進めています。また人工呼吸器の使用等,日常的に医療のケアを必要とする子どもに対し，看護師の配置を充実させる他，社会福祉士及び介護福祉士法にもとづき，研修を受けた教師が痰の吸引等の特定の医療的ケアを行っています。

　特別支援学級や通級による指導でも，例えば聴覚障害や言語障害のある子どもの教育では言語聴覚士（Speech Therapist：ST）との，肢体不自由教育では理学療法士等との連携が重要です。これらの専門職は，主に医療系の学部をもつ大学や専修学校に養成課程があり，資格保有者は，教員資格認定試験で科目が免除されます。例えばSTは，特別支援学校自立活動教諭（種目は聴覚障害教育）の一種免許状が付与され，相当する学校に勤務することも可能です。

e．栄養教諭・学校栄養職員

　給食を通した食育は重要です。栄養士か管理栄養士の基礎資格をもつ学校栄養職員は，1986(昭和61)年に国が示した職務内容にもとづき，学校給食の献立の作成や調理に関する指導・助言，衛生管理等に従事する他，担任教諭を補佐し，家庭と地域と連携して給食を通した食の指導を行います。2005(平成17)年度より栄養教諭制度が導入され，新卒の栄養教諭の採用が行われる道や県の他，現職の栄養職員が教職科目を取得して栄養教諭に移行する県が増えています。

2．教育・保育行政に関わる人材

(1) 国家公務員

a．文部科学省の職員

　文部科学省は教育，学術文化，科学技術，スポーツの振興等を任務とする国の教育行政の要であり，事務次官をトップとする職員の身分は国家公務員です。人事院の行う採用試験は，総合職と一般職，さらにそれぞれ事務系と技術職の別に行われ，大卒総合職（事務系）は法律，経済，教養等の区分を選び，受験します。技術職は工学や数理科学・物理・地球科学等の区分があり，大学院卒も歓迎されます。最終合格者は官庁訪問を経て，正式に内定が決まります。

　文部科学省には学校教育や幼児教育の施策を担う初等中等教育局の他，大学を管轄する高等教育局等の部局や，京都への移転が予定される文化庁等の外局もあります。数年で部課を異動し，国立大学の事務局や教育委員会，また他府省庁への出向もあり，いわば全国をフィールドに経験を積みます。

b．社会教育施設に関わる職員

　国立国会図書館の職員の身分は国会職員で，待遇は a. の国家公務員一般職と同等です。司書業務や調査業務等を担う総合職及び一般職（大卒程度）の採用試験は，図書館で独自に行います。国会職員のため日本国籍が必要ですが，司書資格がなくとも受けられます。3次試験もある難関で，2017(平成29)年度の試験結果は総合職が約115倍，一般職は約124倍でした。その他，情報システムの管理等を担う施設設備専門職員（大卒程度）も採用されます。試験合格者

は東京本館か関西館，国際子ども図書館に配属されます。

　文化庁が管轄する国立博物館や文化財研究所の職員は，独立行政法人国立文化財機構に所属します。文部科学省の本庁に由来する国立科学博物館の場合は，独立行政法人国立科学博物館の職員です。これらの博物館は博物館法上の登録博物館ではなく大学に似た研究機関であり，学芸員でなく「研究員」が置かれます。館長は，a.の文部科学省の幹部職員経験者が就任した過去もありますが，近年は著名な研究者が任用されたり，公募が行われたりします。

（2）地方公務員

　都道府県や市町村等の行う職員（地方公務員）採用試験は，国家公務員と同様の試験内容・方法で行われ，根強い人気があるため倍率が高い上，最終学年の教育実習の時期と重なることが多く，教職課程履修者には難関です。県庁や市役所等の職員の魅力は，安定した身分と待遇に加え，教育委員会（事務局）や一般事務，土木等のさまざまな部署で経験を積めることです。なお，特定の資格が必要な保育士や司書の他，学校事務，（都道府県）警察，（市町村）消防等で採用された者は，原則的に他の部署への変更はありません。しかしいずれの公務員も，配属先により転居が必要となる場合があります。

　一般の公務員試験とは別に行われる教育委員会の職員採用は，教員の他，考古学等の学芸員や司書等の専門職，また嘱託等の任期付職員が主な対象です。

（ワーク14）
　　学校教育に関わる教師以外の専門職について，身近な自治体の採用や配置等の状況を調べてみましょう。

第15章

地域の教育環境を支える人材

1．社会教育に関わる人材

（1）社会教育施設

a．社会教育主事

　社会教育法（第9条2）を根拠に，教育委員会の事務局には専門的教育職員として指導主事［→第13章4］の他，社会教育主事が配置されます。

　社会教育主事は，学校を含めて社会教育を行う者に助言等を行い，社会教育計画を立案します。国家資格のため，養成課程を置く大学で規定の62単位以上を取得する他，現職教員や教育委員会の職員等が，大学や国立教育政策研究所社会教育実践研究センターが開講する講習を受けて資格を取ります。

　教師のキャリア形成の一環として，中堅教師が数年間，教育委員会で社会教育主事を務める自治体は少なくありません。また，校務分掌で地域連携担当を務める教師に社会教育主事の資格を取得するよう促す自治体もあります。

b．公民館主事

　社会教育法を根拠に，公民館事業の実施のために置かれる指導系職員です。資格要件はなく，社会教育主事が兼務する地域もあります。2003（平成15）年の地方自治法改正により指定管理者制度が導入され，公民館を，専門職を置かないコミュニティ・センター（コミセン）に移行する自治体も増えましたが，学校の地域連携が求められる今日，社会教育を推進する専門職は不可欠です。

c．図書館司書

　図書館法が定める専門的職員は司書です。図書館奉仕の精神をもって地域住民の要望に応え，学校教育と家庭教育も援助します。その資格は，養成課程を

もつ大学で所定の科目を履修する他，図書館に３年以上勤務し，司書講習を修了した者等に与えられます。大学等で資格を得る場合，甲群11科目（22単位），乙群７科目（７単位）の履修が必要です。大学に２年以上在学し，62単位以上を修得すれば，他大学の開講する講習を受けることもできます。また，学校図書館に関わる職に司書教諭と学校司書があります［→第14章１］。

d．博物館学芸員

博物館法で定める専門的職員が学芸員で，資料の収集，保管，及び調査研究等を行います。その資格の取得は，所定の単位修得の他，試験（必須８科目と選択２科目）による認定と，博士等の学位保有者や大学教授等で２年以上の実務経験がある者等が対象の審査認定があります。大学等で履修する科目は，2012(平成24)年度より９科目19単位に増えました。

近年，博物館は学校と連携し，教育普及事業を充実させています。公立館の多くは教育委員会が所管しており，中堅の教師が数年間，博物館に務め，教育事業の企画運営や教材作成，学校への出張講座を行う自治体もあります。博物館の専門性を活かした，教科教育や特別支援教育等の実践も増えています。

e．その他の施設における指導系職員

社会教育の領域の指導系職員の国家資格は，社会教育主事と司書，学芸員のみです。社会教育施設の中で最も数が多く，公立だけでも全国で２万７千以上ある社会体育施設の専門職には，日本体育協会が公認するスポーツ指導者や水泳教師等の民間資格が広く活用されています。2011(平成23)年に制定されたスポーツ基本法は，国と地方公共団体が指導者等の養成システム等の施策を講じる努力義務を定めたものの，具体的な資格は規定されません。

青少年教育施設も，特に資格は求められせんが，多くはスポーツや野外活動，音楽等に精通した職員が配属されます。男女共同参画センター等の名称の女性教育施設の多くは，嘱託の医師，弁護士等が相談に対応しています。

（２）社会教育関係団体

a．子ども会

子ども会は，校区を基盤に，子どもと指導者，育成会（組織）で構成されます。市町村（市子連等），都道府県（県子連等），全国子ども会連合会（全子連）

の上部組織があり，独自の指導者養成講座や協議会等が行われます。近年は少子化を背景に参加者減が課題ですが，中・高生のジュニア・リーダー（JL）や，シニア・リーダーと呼ばれることもある大学生も活躍しています。

b．スポーツ少年団など

スポーツ少年団も校区を基盤とし，校庭等で軟式野球やサッカー等に親しみます。子ども（団員）は，保護者や指導員，リーダー等の大人（世話役）に支えられ，地域行事への参加や清掃等の奉仕活動も行います。上部組織は，日本体育協会が設置する日本スポーツ少年団を頂点に，市区町村，都道府県で構成され，スポーツ指導者資格と関連させた指導者対象の研修等を行っています。

他にも鼓笛隊，消防少年団や，国際的な組織が母体のボーイ（ガール）スカウト，YMCA（YWCA）等の組織があり，指導者の研修も行われます。

（3）地域教育に関わる人材

a．地方公共団体の行政委員会

地方行政の各部課に置かれるさまざまな行政委員会では，専門家や団体代表の他，一般公募で選ばれた委員の協議等が行われ，広く意見を聴取して行政の公正・中立を守る役割を果たします。教育委員会もその一つで，教育長を含め5人で構成される委員には退職校長等が任命されます。また教育委員会のもとに，教科用図書選定審議会や社会教育委員会議等が置かれています。

教育行政以外にもさまざまな行政委員会があり，多くの学校の管理職が輪番で委員に加わっています。例えば1953（昭和23）年に現在の地方青少年問題協議会法の元となる法律が制定され，多くの自治体で首長を会長とする青少年問題協議会が設置されています。

b．NPO等の職員

地域では，非営利の民間組織で法人格をもつNPO（nonprofit organization）が活躍しています。全国で5万を超える団体が認証され，子どもの健全育成や芸術・スポーツの振興，人権擁護，地域安全等を図る活動を行っています。

その他，子どもの教育環境を支えるボランティア組織は多数あります。退職教員だけでなく，現役の教師が参加する団体は少なくありません。

2. 児童福祉に関わる人材

(1) 放課後の児童健全育成に関わる人材

a. 放課後児童クラブの支援員

　いわゆる学童保育は，1997(平成9)年に，児童福祉法上の放課後児童健全育成事業（放課後児童クラブ）として位置づけられます。そして2015(平成27)年度より，クラブの対象は小学校6年生まで広がり，40人以下の単位ごとに放課後児童支援員を2名以上配置することとなりました。高度経済成長期に急増した学童保育の長い歴史から見ると，制度の充実はこれからです。

　放課後児童支援員の資格は，保育士か社会福祉士の資格保有者の他，教員免許状取得者，大学で教育学を修めた者等が，都道府県（知事）が行う研修（6分野16科目，24時間）を受けて認定されます。必置の2名のうち1名は補助員で代替できます。補助員は特別な資格は求められず，2015(平成27)年度より始められた都道府県の「子育て支援員」認定研修のうち放課後児童コース（14科目17時間）を修了することが望ましいとされます。

b. 児童館（児童厚生施設）の職員

　法制上は「児童の遊びを指導する者」と定められ，保育士や社会福祉士の資格保有者，教員免許状取得者，大学で教育学を修めた者等が該当します。しかし上述の放課後児童支援員と同様に採用や人数等は自治体により異なり，公務員の他，指定管理者である社会福祉法人やNPO，株式会社の職員等と身分もさまざまです。短期雇用が多く，待遇改善は全国的な課題です。

　保育士を基礎資格とする児童厚生指導員の資格もあります。厚生労働省の外郭団体である児童健全育成推進財団が認定した養成課程をもつ大学等で，実習を含めて児童館の機能・役割を学んだ者（単位取得者）に，大卒は児童厚生一級指導員，短大や専門学校卒は児童厚生二級指導員の資格が与えられます。

（2）児童福祉を支える専門職

a．保育士

　子どもの貧困や虐待等が深刻な今日、児童福祉の取り組みは重要です。保育士は、保育所の他、児童養護施設や母子生活支援施設等で保育業務に従事する専門職です。児童（18歳未満）が対象ですが、児童養護施設に関しては子どもの自立支援を目的に、2017(平成29)年度より22歳に延長されました。

b．社会福祉士・社会福祉主事

　国家資格である社会福祉士は、概ね18歳未満の児童や障害児者等の、生活上に課題を抱える人々を支える専門職です。養成課程をもつ大学の卒業者（2年制の短大卒業者は2年間の相談援助実務が必要）等に国家試験受験資格が与えられます。例年1月にある国家試験は19科目あり、合格者（2015年度試験合格率は26％）は社会福祉士として登録できます。

　児童相談所や児童養護施設、子育て支援センター、病院等に所属する他、独立した事務所を構える人もいます。社会福祉士資格をスクールソーシャルワーカー（SSW）［→第14章1］の基礎要件とする自治体も増えています。

　社会福祉主事は、社会福祉法に定める福祉事務所に必ず置かれる職員で、指定養成機関の修了者や大学で所定の科目を3科目以上修めた者、社会福祉士等の資格保有者等は、任用資格が得られます。社会福祉主事として身体障害者、または知的障害者の福祉に関する事業に2年以上従事すると、前者は身体障害者福祉司、後者は知的障害者福祉司の任用資格を得ることもできます。

c．児童福祉司・児童指導員

　児童福祉法（第13条）を根拠に児童相談所に置かれる児童福祉司は、担当区域内の妊産婦保護を含む児童福祉に関する指導助言を行います。児童福祉司の養成校の卒業生、または所定の講習会の修了者、医師や社会福祉士等の専門資格保有者は、任用資格が得られます。教員免許状をもつ者は、指定施設での実務経験（専修・一種は1年）と、講習会修了により、任用資格が得られます。

　児童養護施設等に必ず置かれる児童指導員は、児童福祉施設の設備及び運営に関する最低基準（第43条）にもとづく専門職です。児童福祉司の養成校や、心理学、教育学等の学科（大学）の卒業生等が該当します。小・中・高等学校

の教員免許状をもつ者も，基礎的な資格要件を満たしています。
d．民生委員・児童委員
　民生委員法にもとづく民生委員は，社会奉仕の精神で住民の相談等に応じ，福祉事務所等と協力し社会福祉の増進に努めます。1917（大正6）年に岡山県で始まった済世顧問制度等が前身で，都道府県知事の推薦により厚生労働大臣が委嘱して市町村に置かれる3年任期で無給の地方公務員（特別職）です。
　児童委員は，民生委員が兼務します。1994（平成6）年より児童問題を中心に扱う主任児童委員が置かれ，退職教員等が委嘱されます。民生委員及び児童委員の多くは，子どもに関わるさまざまな行政委員も務めています。

3．法務省の管轄する人材

（1）少年の更生保護に関わる専門的職員

　更生保護法にもとづく更生保護は，犯罪者や非行少年が健全な社会人として更生するよう，通常の社会生活の中で指導・助言することです。保護観察官は，保護観察所や全国9カ所の地方更生保護委員会事務局に配属され，医学や教育学等の専門知識を生かし，非行少年等に関わる業務に従事する国家公務員です。国家公務員の総合職試験や保護観察区分の専門職員試験の他，教育等の公的な対人折衝業務経験者が受験できる中途採用等があります。
　家庭裁判所調査官は，家庭裁判所（家裁）や高等裁判所に置かれる国家公務員です。行動科学の知見にもとづき，家庭に関する事件の当事者や保護者を含む非行少年等の調査や関係機関との調整等を図り，裁判官を補佐します。裁判官職員採用試験を経て調査官補として採用後，配属された家裁での実務を含め2年間の養成研修を受け，調査を行う権限をもつ調査官となります。

（2）少年の更生保護に関わる地域人材

　保護司は，保護観察官を補佐して犯罪者等の社会復帰を助けます。保護司法を根拠に法務大臣が委嘱し，2年任期で非常勤・無給の国家公務員です。少年院から仮釈放された少年の保護観察や，釈放後の生活環境調整等を行います。

ワーク15

　子どもに関わる職について，社会福祉行政やNPO，教育産業の領域を含めて，採用方法や職務内容を調べましょう。

［参考資料1］小学校の教職課程の科目・単位数（2019年度入学生より適用）

	各科目に含めることが必要な事項	専修	一種	二種	＊各学科の科目名・単位
教科及び教科の指導法に関する科目	○教科に関する専門的事項（「外国語」を追加） ○各教科の指導法（情報機器及び教材の活用を含む）（各教科それぞれ1単位以上修得） ＊「外国語の指導法」を追加	30	30	16	
教育の基礎的理解に関する科目	○教育の理念並びに教育に関する歴史及び思想 ○教職の意義及び教員の役割・職務内容（チーム学校への対応を含む） ○教育に関する社会的，制度的又は経営的事項（学校と地域との連携及び学校安全への対応を含む） ○幼児，児童及び生徒の心身の発達及び学習の過程 ○特別の支援を必要とする幼児，児童及び生徒に対する理解（1単位以上修得） ○教育課程の意義及び編成の方法（カリキュラム・マネジメントを含む）	10	10	6	
道徳，総合的な学習の時間等の指導法及び生徒指導，教育相談等に関する科目	○道徳の理論及び指導法（一種：2単位，二種：1単位以上） ○総合的な学習の時間の指導法 ○特別活動の指導法 ○教育の方法及び技術（情報機器及び教材の活用を含む） ○生徒指導の理論及び方法 ○教育相談（カウンセリングに関する基礎的な知識を含む）の理論及び方法 ○進路相談（キャリア教育に関する基礎的な事項を含む）の理論及び方法	10	10	6	
教育実践に関する科目	○教育実習（学校インターンシップ（学校体験活動）を2単位まで含むことができる）（5単位） ○教職実践演習（2単位）	7	7	7	
大学が独自に設定する科目		26	2	2	
	合計	83	59	37	単位数：

＊2019（平成31）年4月1日に施行予定の教育職員免許法施行規則をもとに作成。
＊この他に介護等体験，教育職員免許法施行規則第66条の6に定める科目（日本国憲法等）があります。

[参考資料２] 文部科学省（2017）教職課程コアカリキュラム（抜粋）

> 　教職課程の質保証と教員の資質能力の向上のため，2019(平成31)年度より，教員養成を行う大学や教育委員会で「教職課程コアカリキュラム」の活用が必要となりました。そのうち，「教育の基礎的理解に関する科目」のコアカリキュラムの概要を以下に示します。これらの項目はすべての校種に共通で，各科目の下の「＊」は，参考として大学で開講される科目の名称例を入れました。
> 　次のイ）～ヘ）の科目は全体目標と一般目標，到達目標で構成されていますが，全体目標のみ抜粋します。なお，本書の対象科目であるロ）「教職の意義及び教員の役割・職務内容」のみ，省略せずにすべての目標を載せました。

イ）教職の理念並びに教育に関する歴史及び思想

　＊「教育原理」「教育学概論」等

全体目標：教育の基本的概念は何か，また，教育の理念にはどのようなものがあり，教育の歴史や思想において，それらがどのように現れてきたかについて学ぶとともに，これまでの教育及び学校の営みがどのように捉えられ，変遷してきたのかを理解する。

ロ）教職の意義及び教員の役割・職務内容（チーム学校運営への対応を含む。）

　＊「教職概論」「教職入門」等

全体目標：現代社会における教職の重要性の高まりを背景に，教職の意義，教員の役割・資質能力・職務内容等について身に付け，教職への意欲を高め，さらに適性を判断し，進路選択に資する教職の在り方を理解する。

(1) 教職の意義

一般目標：我が国における今日の学校教育や教職の社会的意義を理解する。

到達目標：

① 公教育の目的とその担い手である教員の存在意義を理解している。

② 進路選択に向け，他の職業との比較を通して，教職の職業的特徴を理解している。

(2) 教師の役割
一般目標：教育の動向を踏まえ，今日の教員に求められる役割や資質能力を理解する。
到達目標：
①教職観の変遷を踏まえ，今日の教員に求められる役割を理解している。
②今日の教員に求められる基礎的な資質能力を理解している。
(3) 教員の職務内容
一般目標：教員の職務内容の全体像や教員に課せられる服務上・身分上の義務を理解する。
到達目標：
①幼児，児童及び生徒への指導及び指導以外の校務を含めた教員の職務の全体像を理解している。
②教員研修の意義及び制度上の位置付け並びに専門職として適切に職務を遂行するため生涯にわたって学び続けることの必要性を理解している。
③教員に課せられる服務上及び身分上の義務及び身分保障を理解している。
(4) チーム学校への対応
一般目標：学校の担う役割が拡大・多様化する中で，学校かが内外の専門家等と連携・分担して対応する必要性について理解する。
到達目標：
①校内の教職員や多様な専門性を持つ人材と効果的に連携・分担し，チームとして組織的に諸課題に対応することの重要性を理解している。

ハ) 教育に関する社会的，制度的又は経営的事項（学校と地域との連携及び学校安全への対応を含む。）
　　＊「教育制度」，「教育社会学」等
全体目標：現代の学校教育に関する社会的，制度的又は経営的事項のいずれかについて，基礎的な知識を身に付けるとともに，それらに関連する課題を理解する。なお，学校と地域との連携に関する理解及び学校安全への対応に関する基礎的知識も身に付けること。

ニ) 幼児，児童及び生徒の心身の発達及び学習の過程
　　＊「教育心理学」「学習発達心理学」等

全体目標：幼児，児童及び生徒の心身の発達及び学習の過程について，基礎的な知識を身につけ，各発達段階における心理的特性を踏まえた学習活動を支える指導の基礎となる考え方を理解する。

ホ）特別の支援を必要とする幼児，児童及び生徒に対する理解
　　＊「特別支援教育」等
全体目標：通常の学級にも在籍している発達障害や軽度知的障害をはじめとする様々な障害等により特別の支援を必要とする幼児，児童及び生徒が授業において学習活動に参加している実感・達成感をもちながら学び，生きる力を身に付けていくことができるよう，幼児，児童及び生徒の学習上又は生活上の困難を理解し，個別の教育的ニーズに対して，他の教員や関係機関と連携しながら組織的に対応していくために必要な知識や支援方法を理解する。

ヘ）教育課程の意義及び編成の方法（カリキュラム・マネジメントを含む。）
　　＊「教育課程論」「カリキュラム論」等
全体目標：学習指導要領を基準として各学校において編成される教育課程について，その意義や編成の方法を理解するとともに，各学校の実情に合わせてカリキュラム・マネジメントを行うことの意義を理解する。

[参考資料３] 教職実践演習の求める４つの事項

事項	到達目標	目標到達の確認指標例
1 使命感や責任感、教育的愛情等に関する事項	○教育に対する使命感や情熱を持ち，常に子どもから学び，共に成長しようとする姿勢が身に付いている ○高い倫理観と規範意識，困難に立ち向かう強い意志を持ち，自己の職責を果たすことができる ○子どもの成長や安全，健康を第一に考え，適切に行動することができる	○誠実，公平かつ責任感を持って子どもに接し，子どもから学び，共に成長しようとする意識を持って，指導に当たることができるか ○教員の使命や職務についての基本的な理解に基づき，自発的・積極的に自己の職責を果たそうとする姿勢を持っているか ○子どもの成長や安全，健康管理に常に配慮して，具体的な教育活動を組み立てることができるか ○自己の課題を認識し，その解決に向けて，自己研鑽に励むなど，常に学び続けようとする姿勢を持っているか
2 社会性や対人関係能力に関する事項	○教員としての職責や義務の自覚に基づき，目的や状況に応じた適切な言動をとることができる ○組織の一員としての自覚を持ち，他の教職員と協力して職務を遂行することができる ○保護者や地域の関係者と良好な人間関係を築くことができる	○挨拶や服装，言葉遣い，他の教職員への対応，保護者に対する接し方など，社会人としての基本が身についているか ○他の教職員の意見やアドバイスに耳を傾けるとともに，理解や協力を得ながら，自らの職務を遂行することができるか ○学校組織の一員として，独善的にならず，協調性や柔軟性を持って，校務の運営に当たることができるか ○保護者や地域の関係者の意見・要望に耳を傾けるとともに，連携・協力しながら，課題に対処することができるか
3 幼児児童生徒理解や学級経営等に関する事項	○子どもに対して公平かつ受容的な態度で接し，豊かな人間的交流を行うことができる ○子どもの発達や心身の状況に応じて，抱える課題を理解し，適切な指導を行うことができる ○子どもとの間に信頼関係を築き，学級集団を把握して，規律ある学級経営を行うことができる	○気軽に子どもと顔を合わせたり，相談に乗ったりするなど，親しみを持った態度で接することができるか ○子どもの声を真摯に受け止め，子どもの健康状態や性格，生育歴等を理解し，公平かつ受容的な態度で接することができるか ○社会状況や時代の変化に伴い生じる新たな課題や子どもの変化を，進んでズけ止めようとする姿勢を持っているか ○子どもの特性や心身の状況を把握した上で学級経営案を作成し，それに基づく学級づくりをしようとする姿勢を持っているか
4 教科・保育内容等の指導力に関する事項	○教科書の内容を理解しているなど，学習指導の基本的事項（教科等の知識や技能など）を身に付けている ○板書，話し方，表情など授業を行う上での基本的な表現力を身に付けている ○子どもの反応や学習の定着状況に応じて，授業計画や学習形態等を工夫することができる	○自ら主体的に教材研究を行うとともに，それを活かした学習指導案を作成することができるか ○教科書の内容を十分理解し，教科書を介して分かりやすく学習を組み立てるとともに，子どもからの質問に的確に応えることができるか ○板書や発問，的確な話し方など基本的な授業技術を身に付けるとともに，子どもの反応を生かしながら，集中力を保った授業を行うことができるか ○基礎的な知識や技能について反復して教えたり，板書や資料の提示を分かりやすくするなど，基礎学力の定着を図る指導法を工夫することができるか

＊中央教育審議会（2006）「今後の教員養成・免許制度の在り方について（答申）」別添４より作成

[参考資料4] 横浜市教育委員会「教員のキャリアステージにおける人材育成指標」

資質能力			ステージ	横浜市が求める着任時の姿	第1ステージ 実践力を磨き教職の基盤を固める 〈学級・担当教科等〉	第2ステージ 専門性を高めグループのリーダーとして推進力を発揮する 〈学年・分掌等〉	第3ステージ 豊富な経験を生かし広い視野で組織的な運営を行う 〈学校全体〉
教職の素養			自己研鑽・探究力	・常に自己研鑽に努め、探究心をもって自主的に学び続ける。			
			情熱・教職的愛情	・横浜を愛し、教職への強い情熱、児童生徒への愛情をもつ。			
			使命感・責任感	・教育公務員として、自己の崇高な使命を自覚し、法令及び「横浜市公立学校教職員行動基準」を遵守する。			
			人間性・社会性	・豊かな人間性や幅広い視野、高い人権感覚をもち、児童生徒や教職員、保護者・地域等との信頼関係を構築する。			
			コミュニケーション	・周囲の状況や相手の思いや考えを汲み取るとともに、自分の考えを適切に伝え、積極的に助け合い支え合う。			
学び続ける教員の専門性	児童生徒指導		児童生徒理解	・児童生徒理解の意義や重要性を理解し、一人ひとりに積極的に向き合おうとしている。	・一人ひとりの背景を意識して、児童生徒に向き合う。	・児童生徒の多様性を理解するためにチーム学校として、組織的な支援や関係機関との連携を推進する。	・教職員相互に共通理解を図ることができるように、組織の環境を整える。
			児童生徒指導	・個や集団を指導するための手立てを理解し、実践しようとしている。	・保護者等の関係各所や校内組織と連携しながら、個や場面に応じた指導を行う。	・関係機関等と連携して、学年全体の児童生徒指導を行う。	・様々な関係機関等と連携して環境を整え、適切な指導を推進する。
	インクルーシブ教育の構築		多様性への理解とインクルーシブ教育システムの構築	・インクルーシブ教育に関わる理念と基本的な考え方を理解している。	・児童生徒一人ひとりに応じた指導・支援の計画や合理的配慮についての理解を深めている。	・児童生徒のためにチーム学校として共に取り組むとともに、関係機関や地域との連携を図り、学校からの発信を行う。	・インクルーシブ教育システムの構築に組織的に取り組むとともに、関係機関や地域との連携を図り、学校からの発信を行う。
			特別支援教育	・特別支援教育に関わる指導・支援の計画や合理的配慮について理解している。	・特別支援教育に関わる内容について、経験の浅い教職員への支援を推進する。	・校内委員会等で実態把握や見直し、学校教育活動の改善を図る。	
	授業力		実態把握と目標の明確化 (PLAN)	・学習指導要領を理解し、児童生徒の実態把握の必要性を認識し、目標を明確にして立案しようとしている。	・学習指導要領を理解し、児童生徒の実態を把握したうえで目標を明確にする。	・学校の特色を考慮し、実現したい姿を想定して目標を明確にする。	・地域の特色も考慮した実態把握を行い、各教科の目標設定に生かすための発信を行う。
			指導と評価の計画立案 (PLAN)	・評価の意義及び評価規準、評価計画の意味や必要性を理解し、立案しようとしている。	・評価の目的を理解し、評価の計画を立てる。	・目標を実現するために、効果的な評価の機会を設定し、指導と評価の計画を立てる。	・校内の指導と評価の計画を把握し、的確な支援を行う。

区分	項目	ステージ1	ステージ2	ステージ3	ステージ4
授業力	指導技術、指導形態の工夫（PLAN）	・板書や発問等の基本的な指導技術を身に付け、実践しようとしている。	・「習得・活用・探究」の学習を重視し、学び合い等の場面を取り入れた授業の展開を計画する。	・身に付けた技術を生かし、思考力・判断力・表現力や意欲をさらに高める工夫をする。	・個や集団に応じた効果的な指導方法を工夫し、発信を行う。
	授業中の指導と評価（DO）	・指導と評価の一体化の意味を理解し、児童生徒の様子を把握しながら授業を実践しようとしている。	・集団の中の一人ひとりの学習状況を把握し、適切に指導・助言を行う。	・学習状況に応じて、適切に評価し、適切に補充的・発展的な指導・助言を行う。	・学習状況を適切に評価し、状況に応じた指導方法で実践するとともに、選択し、発信を行う。
	省察及び改善（CHECK.ACTION）	・授業改善の意義を理解し改善する手立てを理解し、実践しようとしている。	・一人ひとりの学習状況を把握し、次時や単元の指導に生かす。	・適切な授業評価を行い、継続的な授業改善に取り組むとともに自己の専門性向上に努める。	・自校の授業改善に向けた取組の課題等を明らかにし、年間指導計画等の改善を行う。
	研究の推進と研究体制構築	・研究会や研修会に積極的に参加する意義を理解し、実践しようとしている。	・校内研究会や他校の授業研究会に積極的に参加し、授業改善に生かす。	・校内研究会・校外研修会の企画・運営に携わり、授業力やマネジメント力の向上を図る。	・研修会で得た情報や自らの実践を広く情報発信し、自校の教育活動に生かす。
学び続ける教員の専門性	学級経営・学校経営ビジョンの構築	・学級担任の役割と職務内容、学校組織・運営の役割、校務分掌を理解し、自分に合った改善を実践しようとしている。	・学校教育目標を理解し、学級経営や教科経営の方針を立て、一貫性のある指導等を行う。	・組織運営や教科経営に積極的に関わり、学校の教育目標の実現に向けて工夫改善を行う。	・学校運営について創造的なビジョンの構想やプランの策定に参画し、教育活動を活性化させる。
	人材育成（メンター・チーム等の活動）	・学び続けることの意義を理解し、アドバイスに耳を傾け、自らを改善しようとしている。	・疑問点や悩みを相談したり、共有する環境をつくりながら、自らの実践力を磨く。	・互いの課題や悩みに気付き、支え合う環境をつくるとともに、経験の浅い教職員を積極的に支援する。	・教職員の経験を踏まえ、人材育成について創造的なビジョンの構想やプランの実現に参画し、教育活動の環境を活性化させる。
	資源（人・もの・情報・時間・資金等）の活用	・学校内外の資源の積極的な活用の目的・意義を理解し、実践しようとしている。	・身の回りの資源を積極的に教育活動に生かす。	・教育活動に効果的な資源を見極めて活用する。	・状況や課題にさわしい活用方法を考え、教育活動全体の充実を図る。
	危機管理	・危機管理の重要性を理解し、危機を察知した場合には素早く行動をとろうとしている。	・安全や教育効果に配慮した環境を整備し、課題について「報告・連絡・相談」を確実に行う。	・危機を予測し連携して未然防止を図るとともに、早期発見、早期対応に努める。	・平常時の未然防止、抜本的な再発防止を組織的に推進する。
連携・協働力	同僚とチームでの対応	・組織の一員としての自分の役割を認知し、同僚と協力して対応しようとしている。	・組織の一員として教職員と積極的に関わり、求められている役割を理解して遂行する。	・互いの良さを認め合い、それぞれの力を生かして対応する。	・組織の特性を踏まえ、広い視野をもって対応力を高める。
	保護者や他の組織等との連携・協働	・保護者や連携の重要性を理解し、保護者・地域と積極的に関わろうとしている。	・保護者、地域、関係機関と連携して対応しようとする。	・保護者、地域、関係機関との関わりを深め、連携・協働して対応する。	・保護者、地域、関係機関との連携、協働のネットワークを形成する。

出典：横浜市教育委員会（2017）「これからから求められる教員の資質・能力の育成」3頁

さくいん

あ行

充て職　54, 55
（校内）委員会　46
「生きる力」　24
育休（育児休業）　71, 72, 73
一条校　22
医療的ケア　26, 101
インターンシップ　13, 80
栄養教諭　13, 50, 102
（学校）栄養士　46
営利企業等従事の制限　68

か行

海外子女教育振興財団（JOES）　91
介護休暇　73
外国人学校　91
介護等体験　11, 81
開発教育協会　95
開放制　18
（スクール）カウンセラー　46
学芸員　105
学社連携　27
学習指導要領　11, 23, 28, 34
（旧）学制　25
学童保育　13, 27, 28
学年主任　46, 55
学級経営　44, 47
学級事務　47
学級だより（学級通信）　46, 47
学級担任　54
学級担任制　44

学級開き　45
学級文庫　100
学校インターンシップ（学校体験活動）　80
学校運営協議会　62, 63
学校栄養職員　102
学校開放　28
学校管理規則　59
学校給食　102
学校教育目標　44
学校司書　100, 105
学校司書モデルカリキュラム　101
学校事務（職員）　103
学校図書館　100
学校図書館法　100
学校評議員　61
学校法人　59, 65
家庭裁判所調査官　109
カリキュラム・マネジメント　31
観察（参観）　83
観察実習　13
（学校）管理職　50, 51
管理職選考　96
義務教育　21, 75
義務教育学校　22, 62
義務教育の段階における普通教育に相当する教育の機会の確保等に関する法律（教育機会均等法）　24
キャリア・カウンセラー　95
休暇　67
給食指導　43

教育委員会　28, 58, 59, 63, 66, 69, 77
教育委員会（事務局）　96, 103
教育課程　58, 62
教育基本法　10, 24, 35
教育公務員　49
教育実習　12, 77, 80, 82
教育職員検定　18, 19
教育職員免許法（免許法）　11, 19
教育をつかさどる　51, 52
教員育成協議会　20
教員育成指標　20
教員採用選考試験　76, 77
教員資格認定試験　18
教員のための博物館の日　95
教員免許　76
教員免許状更新講習　93
教科担任制　44
教科調査官　96
教科用図書選定審議会　106
教師塾　13, 87
教室環境　48
教職員支援機構（NITS）　94
教職員のキャリアステージにおける人材育成指標　20, 32
教職課程　10, 18, 19, 77
教職課程コアカリキュラム　11, 20
教職実践演習　20, 81
教職大学院　95

教職調整額　14
教頭　50, 51, 52
教務主任　55
教諭　50, 51
経費負担主義　57
欠格事項　19, 87
研究授業　84, 92
研究と修養　92
言語聴覚士（ST）　101
研修　67, 69, 92
現職教育　13, 19
現職教員特別参加制度　91
現職研修　92
県費負担教職員　65, 66, 69
公共の利益　65, 66
更生保護法　109
校長　50, 51, 52, 54, 55, 60, 61
高等教育　74, 75
高等教育局　102
高等師範学校　17
高等専修学校　23
公認心理師　98
公簿　47, 53, 56
公民館　104
校務　50, 51, 52
公務員　65
校務分掌　52, 53, 56, 104
国際学校（インターナショナル・スクール）　91
国際教員指導環境調査（TALIS）　30
国際協力機構（JICA）　91
国際子ども図書館　103
国際人権規約　35, 36
国立国会図書館　102
子育て支援員　107
子ども・子育て支援新制度　89

子ども会　28, 105
コミュニティ・スクール（学校運営協議会）　31, 62, 64, 100
コミュニティ・センター（コミセン）　104

さ行

産休（産前の休暇）　71, 72
ジェンダーギャップ（男女格差）指数　36
時間講師　88
司書　104, 105
司書教諭　12, 100, 105
実習日誌　84
指定管理者（制度）　104, 107
指定教員養成機関　19
指導案（指導計画）　34
(主任) 児童委員　109
児童館　29
指導教諭　50, 51
指導計画（指導案）　84
指導系職員　104, 105
児童厚生（指導）員　107
児童厚生施設　29
児童指導員　108
指導主事　96, 104
児童自立支援施設　29
児童相談所　29
児童の権利に関する条約（子どもの権利条約）　35, 99
児童福祉司　29, 108
児童福祉法　28, 29, 99, 107, 108
児童養護施設　29, 108
指導要録　47
師範学校　10, 16, 17, 19

事務員　46
事務次官　102
（学校）事務職員（学校事務）　50, 100
社会教育関係団体　28, 105
社会教育施設　28, 102, 104, 105
社会教育主事　28, 104, 105
社会教育法　104
社会人経験者　88
社会体育施設　105
社会に開かれた教育課程　28, 31
社会福祉士　99, 101, 107, 108
社会福祉主事　108
就学前教育　74, 75
就学前の子どもに関する教育，保育等の総合的な提供の推進に関する法律」（認定こども園法）　23
(旧) 10年経験者研修　93
修了　76
主幹教諭　50, 51, 52, 55
授業改善支援センター（ハマアップ）　95
出席簿　47
守秘義務　67
手話検定試験　95
生涯学習　27
障害を理由とする差別の解消の推進に関する法律（障害者差別解消法）　101
常勤講師　87, 88
上司の命令に従う義務　66
上進　93, 96

職員会議　60
職務上の義務　66
職務専念義務　67
初等教育　74
初等中等教育局　102
初任者研修　92
新規採用教員　93
新規採用教員研修　92
進級　76
人権　35, 45
人権教育　35, 37
人権教育及び人権啓発の推進に関する法律（人権教育啓発推進法）　35
人権教育のための国連10年　35
信用失墜行為の禁止　67
進路指導主事　56
スクールカウンセラー（SC）　29, 98
スクールソーシャルワーカー（SSW）　30, 97, 99, 108
スクールリーダー　96
スポーツ基本法　105
スポーツ少年団　28, 106
政治的行為の制限　68
青少年教育施設　105
青少年問題協議会　106
生徒指導主事　56
青年海外協力隊　88
世界人権宣言　35
責任実習　84
（学校）設置者　57, 59, 60
（学校）設置者管理主義　57
専科教員（専科の教師）　44
全国子ども会連合会（全子連）　105

全体の奉仕者　25, 65, 71
選択必修　93
全日経営　84
専念　65
専門的教育職員　104
争議行為等の禁止　68
相当免許状主義　18

た行

男女共同参画センター　105
地域学校協働活動　28, 31, 63, 100
地域限定保育士試験　89
地域住民　62, 63
地域との連携　53
地域に開かれた学校　31
地域連携　26, 27
地域連携担当教員　31
チーム学校（チームとしての学校運営）　29, 30, 31, 51, 98, 100
地方公務員（特別職）　109
中央教育審議会（中教審）　29, 30
（中学校）夜間学級（二部）　23
中堅教諭等資質向上研修　93
中等教育　74, 75
中等教育学校　25
懲戒処分　70, 71
懲戒免職　71
通知票　47
つかさどる　100
（旧）東京女子師範学校　17
東京私立中学高等学校協会　90

道徳教育　33, 34
道徳教育推進教師　34
同和教育　36, 37
同和対策事業特別措置法（同対法）　37
特別休暇　73
特別支援学校自立活動教諭　101
特別の教科　33
特別非常勤講師　19
特別免許状　18, 19
特区制度　60

な行

日本語教育能力検定試験　101
日本語教師（日本語教員）　101
日本人学校　91
日本スポーツ少年団　106
日本体育協会　106
日本PTA全国協議会　31
認定こども園　75
非常勤職員（特別職の地方公務員）　101

は行

（職務上知り得た）秘密　68, 73
開かれた学校　61
部活動指導員　28, 30, 99
副校長　50, 51, 52
服務規程　65
服務の宣誓　66
普通教育　21
普通免許状　18
部分実習　84
部落差別の解消の推進に関する法律（部落差別解消

法）37
フリースクール　24
文化庁　102, 103
分限処分　70
保育教諭　89
保育士　12, 13, 68, 108
保育士試験　89
保育所　29
放課後　46
放課後子ども教室　28
放課後子ども総合プラン　28
放課後児童クラブ（学童保育）　25, 29
放課後児童健全育成事業（放課後児童クラブ）　107
放課後児童支援員　107
放課後等デイサービス（事業）　13, 29
法定研修　92
法令に従う義務　66
ホウレンソウ　51

保健主事　55
保護観察官　109
保護司　109
保護者　47, 62, 63
補習授業校　91
（旧）保姆　17, 18

ま行

学び続ける教師　15
身分上の義務　67
（教員の）身分保障　69
民生委員　109
免許状　93
免許状更新講習　93
模擬授業　34, 87
モデルカリキュラム　11
（旧）文部省　16

や行

夜間中学　23
養護教諭　50, 55
幼児期の終わりまでに育ってほしい姿　34

幼稚園　75
幼稚園教育要領　11, 23, 34
幼稚園協会　90, 93
幼保連携型認定こども園　23

ら行

理学療法士　101
臨時的任用職員（臨任）　86, 88, 92
臨時免許状　18
臨床心理士　96, 98
隣接校種　12

アルファベット

NPO　29, 107, 106
OECD（経済協力開発機構）　99
PTA　26, 28, 31, 32
SC　30, 31, 99
TALIS 2013　99
UDL　48

[著者プロフィール]

梨本 加菜(なしもと・かな) 第Ⅰ,Ⅲ部(第1～5,11～15章)担当
　東京大学大学院教育学研究科博士課程満期退学
現在　鎌倉女子大学児童学部教授
主著　『生涯学習時代の教育制度』(単著)樹村房
　　　『子どもと教育環境』(共著)大学図書出版　ほか

稲川 英嗣(いながわ・えいじ) 第Ⅱ部(第6～10章)担当
　東北大学大学院教育学研究科博士課程満期退学
現在　鎌倉女子大学教育学部教授
主著　『共生時代の教育を展望する』(共著)八千代出版
　　　『世界の教育改革―OECD教育政策分析―』(翻訳)明石書店　ほか

生涯学習時代の教職論

2018年3月30日　初版第1刷発行
2021年3月16日　初版第3刷

　　　　　　　　　　　　　著　者 ⓒ　梨　本　加　菜
　　　　　　　　　　　　　　　　　稲　川　英　嗣
〈検印省略〉　　　　　　　発行者　　大　塚　栄　一

　　　　　　　　発行所　株式会社　樹村房
　　　　　　　　　　　　　　　　　JUSONBO

　　　　　　　　　　　〒112-0002
　　　　　　　　　　　東京都文京区小石川5-11-7
　　　　　　　　　　　電　話　　03-3868-7321
　　　　　　　　　　　ＦＡＸ　　03-6801-5202
　　　　　　　　　　　振　替　　00190-3-93169
　　　　　　　　　　　http://www.jusonbo.co.jp/

　　　　　　　　　印刷・製本　亜細亜印刷株式会社

ISBN978-4-88367-293-6　乱丁・落丁本は小社にてお取り替えいたします。